| 生活技能 024 |

開始在**英國**
自助旅行

作者◎李芸德
協力修訂◎英國人蔘

太雅

「遊英國鐵則」

☑ 注意右邊來車
理由：英國的行車方向與台灣相反，是靠左邊走，穿越馬路一定要先看右邊！開車族也請特別注意，駕駛座在右邊，要用左手打擋唷！

☑ 帶防風外套、抗強風傘
理由：英國天氣說變就變，但稍稍颳風下雨時，也沒什麼人撐傘，因為一陣風來就可能把傘吹壞啦！出太陽時就別撐洋傘了，豔陽天在英國可是求之不得！

☑ 好穿的鞋和好看的地圖
理由：不管是參觀景點、購物，還是往返車站，都要走很多很多路，一定要穿好走的鞋。也請隨時查看地圖，英國老城可沒有棋盤式街道，別異想天開以為只要方向對就能走到目的地。

☑ 耶誕節也許不是個旅遊的好時機
理由：12/24商店會提早關門，12/25店家、餐廳、景點大多休息，連大眾交通工具都不行駛。敬請儲備糧食，並早起迎接瘋狂折扣日12/26 Boxing Day。

☑ 血拼要趁早
理由：倫敦市中心商店週一～六的打烊時間大約是晚上7～9點，週日約傍晚5～6點，如果出了倫敦（或大城市），平均打烊時間或許會再早2小時！

☑ 有免費洗手間就盡量利用吧
理由：公廁收費約20～50p不等，速食店、咖啡店也可能會上鎖，需消費才能使用，但博物館、百貨公司的廁所都是免費的，而倫敦市中心的大火車站也提供免費廁所，可多利用。另外，洗手間內都有衛生紙，衛生紙可直接丟進馬桶沖掉，衛生棉要放進垃圾桶旁的小袋子，包好後再丟進垃圾桶。

☑ 英國都是英國人(British)？
理由：英國由英格蘭、威爾斯、蘇格蘭、北愛爾蘭組成，通常各自稱English、Welsh、Scottish和Irish。若稱呼蘇格蘭人為English，可是會招來白眼！British通常用於官方文件。

☑ 吸菸人士請注意
理由：英國法律規定公共室內空間、交通工具及工作場所必須禁菸，會張貼禁菸標示。菸價每盒約400～500元台幣。

☑ 拍照時，請小心比YA
理由：擺出伸食指和中指比YA的拍照姿勢時，千萬不要將手掌朝向自己，反過來的YA，意思跟比中指差不多！

☑ 吃薯條要灑醋，不是番茄醬
理由：炸魚和薯條(Fish & Chips)是英國隨處可見的小吃，灑上大量的酸甜麥芽醋才是最道地的吃法，真正去油解膩。

遊英國行前 Q&A

Q1 旅遊英國最好的季節？

5～9月是英國旅遊旺季，白天很長，可以參加的活動也很多。但如果想省錢，可選擇4月，還可稍微避開人潮。

Q2 搭哪一種交通工具比較方便？

大城鎮之間的聯通主要透過火車或客運(長途巴士)。倫敦的大眾運輸交通很方便，地鐵與公車相當密集；其他相對較小的城市或城鎮，可以走路或是依賴當地公車。

Q3 倫敦市中心有哪些區呢?主要觀光在哪區？

主要觀光景點都在1區(市中心)。如果旅遊天數不長，建議住在1區，才能節省時間。

Q4 需要提早預訂住宿嗎？

如果打算在熱門住宿旺季期間來的話，最好提前1～3個月預訂，選擇性較多。

Q5 英國溫差大，旅行時應該怎麼穿才好呢？

英國的天氣很瘋狂。一天之內高低溫落差10度是很常見的事，出發前先看一下氣象預報。怕冷的台灣人就算是夏天，外套也是一定要帶。

Q6 旅遊英國需要換英鎊嗎？

在英國，絕大多數的店家都可以刷卡付款，所以只需預備少量的英鎊現金即可。

Q7 英國道地食物除了炸魚薯條還有什麼好吃的嗎？

推薦你試試英式早餐、週日午餐(Sunday Roast，包含烤肉、烤馬鈴薯、約克夏布丁等)、牧羊人派(Sheperd's Pie)等，當然也不要忘記三層英式午茶。

Q8 到英國有哪些事需要小心？

在鬧區觀光或搭乘擁擠的地鐵時，請留意隨身物品。另外在倫敦街頭偶而會出現詐騙集團，所以也要留心陌生人靠近。

Q9 搭計程車是否方便？收費會不會很貴呢？

Uber是比較便宜的選項，或是搜尋當地私人計程車行，原則上都會比跳表的黑色計程車便宜。

Q10 出國前需要在台灣先租借行動上網嗎？

在當地買SIM卡上網是最划算的方案。如果行程有包含歐洲其他國家，請注意部分電信公司可能會收取漫遊費。(詳見P.181)

臺灣太雅出版
編輯室提醒

出發前，請記得利用書上提供的通訊方式再一次確認

每一個城市都是有生命的，會隨著時間不斷成長，「改變」於是成為不可避免的常態，雖然本書的作者與編輯已經盡力，讓書中呈現最新的資訊，但是，仍請讀者利用作者提供的通訊方式，再次確認相關訊息。因應流行性傳染病疫情，商家可能歇業或調整營業時間，出發前請先行確認。

資訊不代表對服務品質的背書

本書作者所提供的飯店、餐廳、商店等等資訊，是作者個人經歷或採訪獲得的資訊，本書作者盡力介紹有特色與價值的旅遊資訊，但是過去有讀者因為店家或機構服務態度不佳，而產生對作者的誤解。敝社申明，「服務」是一種「人為」，作者無法為所有服務生或任何機構的職員背書他們的品行，甚或是費用與服務內容也會隨時間調整，所以，因時因地因人，可能與作者的體會不同，這也是旅行的特質。

新版與舊版

太雅旅遊書中銷售穩定的書籍，會不斷修訂再版，修訂時，還區隔紙本與網路資訊的特性，在知識性、消費性、實用性、體驗性做不同比例的調整，太雅編輯部會不斷更新我們的策略，並在此園地說明。您也可以追蹤太雅IG跟上我們改變的腳步。

◎ taiya.travel.club

票價震盪現象

越受歡迎的觀光城市，參觀門票和交通票券的價格，越容易調漲，特別Covid-19疫情後全球通膨影響，若出現跟書中的價格有落差，請以平常心接受。

謝謝眾多讀者的來信

過去太雅旅遊書，透過非常多讀者的來信，得知更多的資訊，甚至幫忙修訂，非常感謝大家的熱心與愛好旅遊的熱情。歡迎讀者將所知道的變動後訊息，善用我們的「線上回函」或是直接寫信寄到taiya@morningstar.com.tw，讓華文旅遊者在世界成為彼此的幫助。

開始在英國自助旅行 (2025～2026年新第八版)

作　　者	李芸德
總 編 輯	張芳玲
編輯部主任	張焙宜
修訂協力	英國人蔘・廖子晴・陳銘凱・林庭如 吳靜雯・許珚盈
圖片協力	吳國維・林庭如
企劃主編	張敏慧
主責編輯	簡伊婕
修訂主編	鄧鈺澐
封面設計	簡至成
美術設計	許志忠
地圖繪製	許志忠・王之義
修訂美編	簡至成

國家圖書館出版品預行編目(CIP)資料

開始在英國自助旅行 / 李芸德作. -- 八版. --
臺北市：太雅, 2025.01
　　面；　　公分. -- (So easy ; 24)
ISBN 978-986-336-530-3(平裝)

1.自助旅行 2.英國

741.89　　　　　　　　　　　113013017

太雅出版社
TEL：(02)2368-7911　FAX：(02)2368-1531
E-mail：taiya@morningstar.com.tw
太雅網址：http://taiya.morningstar.com.tw
購書網址：http://www.morningstar.com.tw
讀者專線：(02)2367-2044、(02)2367-2047

出 版 者　太雅出版有限公司
　　　　　106020台北市大安區辛亥路一段30號9樓
　　　　　行政院新聞局局版台業字第五〇〇四號

讀者服務專線：(02)2367-2044／(04)2359-5819#230
讀者傳真專線：(02)2363-5741／(04)2359-5493
讀者專用信箱：service@morningstar.com.tw
網路書店：http://www.morningstar.com.tw
郵政劃撥：15060393(知己圖書股份有限公司)

法律顧問　陳思成律師

印　　刷　上好印刷股份有限公司　TEL：(04)2315-0280
裝　　訂　大和精緻製訂股份有限公司　TEL：(04)2311-0221
八　　版　2025年01月01日
定　　價　420元

(本書如有破損或缺頁，退換書請寄至：
台中市西屯區工業30路1號　太雅出版倉儲部收)

ISBN　978-986-336-530-3
Published by TAIYA Publishing Co.,Ltd.
Printed in Taiwan

填線上回函
開始在英國自助旅行
2025～2026 新第八版
https://reurl.cc/KlvX7M

作者序

其實，倫敦的藍天很清澈

回憶起第一次踏上英國國土時，行囊裡只有幾本英文版《哈利波特》。除了披頭四的音樂和霧鎖倫敦的照片(說真的，倫敦的藍天很清澈)，對英國這個國家，我其實一無所知；但也因為這一無所知，所以更下定決心要充實體驗這日不落國度的風俗民情。於是，不僅是倫敦的藝文活動、威爾斯的丘陵與綿羊、蘇格蘭高地的蒼涼，就連天涯(Isle of Skye)與海角(Land's End)也都要前去走一遭。

每每開始計畫一次新的旅程時，最花時間和精神的就是事前準備工作。交通、食宿、景點、營業時間、文化特色、必買必看……人人各有各的喜好。雖然現在網路很發達，旅遊資訊也相當豐富，因此如何從龐大資料庫中找出最有用、最適合自己的資訊，反而成了一種新考驗。從計畫到實踐，自助旅行幾乎是「試錯＋學習」的總和。也因為這些不按牌理出牌的意外，讓自助旅行總是充滿了各種驚奇。

這本書沒有華麗的辭藻，以最方便、最簡單明瞭的方式，提供讀者前往英國旅遊需知道的基本資訊，節省你搜尋過多重複、無意義資訊的時間。此外，還提供你額外的、有用的網路連結資訊，讓你學會「釣魚」，而不只是「吃魚」，幫助你在最短時間內成為自助旅行達人。

關於作者

李芸德

單獨走訪歐美亞洲20國。最愛蒐集各種票根，並在隨行旅遊書上隨筆記錄心得。雖已不是個Gapper，每年仍至少自助旅行2次以上。

United Kingdom・英國

修訂作者序

旅行，是一件幸福的事；
而自助旅行，更是一件令人上癮的事

　　第一次踏上英國國土，正是我在歐洲的第一次自助旅行。印象很深，是在水仙花開的3月，我呼吸著冷冽但清新的空氣，浸潤在優雅的英國文化裡，睜開眼望去的，盡是令人讚嘆的風景。事實上，我僅憑著一股傻勁往前衝，過程中有很多錯誤以及不完美的地方，多希望有人教我如何搭地鐵、如何買優惠車票、推薦我該去哪裡體驗。

　　後來因緣際會又來到了英國，住了好長一段時間，從一個到哪裡都走馬看花、胡亂拍照的觀光客，變成一個喜歡細細體會英國生活的住民旅居者，我也開始了寫部落格的生活，最初只是為了記錄一些大眾運輸資訊，好讓接二連三來拜訪我的親友行程能夠順利，著實沒想到，吸引了越來越多到英國自助的讀者，每當被問及不確定的事，我就開始鑽研各大官網資訊，並樂此不疲，比我當初念醫學院時還認真。

　　這次很開心接到太雅出版社的邀約，共同修訂《開始在英國自助旅行》一書，詳讀了這本書，希望盡量把資訊更新到最新，不僅增添了一些符合時下潮流的版面，也增補了更多優惠資訊，希望對自助旅行仍感到害怕，或是游移不定的你，能夠拾起這本書，勇往直前一起到英國闖闖。

關於修訂作者

英國人蔘

目前身分是好媽媽、好太太、好員工以及住在英國的觀光客。最喜歡在閒暇時間到處走走，並研究各種優惠好康。

f 英國人蔘

目錄

- 02 遊英國鐵則
- 03 遊英國行前Q&A
- 04 編輯室提醒
- 06 作者序

10
認識英國

- 12 英國小檔案

32
機場篇

- 34 英國入出境步驟
- 39 從希斯羅機場到市區
- 46 從蓋威克機場到市區
- 48 從其他機場到倫敦市區

72
倫敦交通篇

- 74 倫敦交通須知
- 80 地鐵
- 84 公車
- 86 其他交通工具
- 88 腳踏車
- 89 計程車

20
行前準備

- 20 蒐集旅遊資訊
- 26 準備旅行證件
- 28 行程規畫須知
- 29 外幣匯兌
- 31 行李打包

50
交通篇

- 52 搭火車
- 61 搭長途巴士
- 66 搭飛機
- 68 租車自駕

90
住宿篇

- 92 如何選擇合適的住宿
- 93 住宿種類與推薦
- 100 行李寄放

102

飲食篇

- 104 英國用餐文化
- 106 時髦早午餐推薦
- 107 英式下午茶推薦
- 109 異國料理推薦
- 111 平價輕食推薦
- 114 精選知名酒吧
- 115 甜食點心
- 118 超市美食

120

購物篇

- 122 一定要認識的各大超市
- 126 不容錯過的學生優惠
- 127 優質實惠的伴手禮
- 128 精品高級感伴手禮
- 130 倫敦百貨商圈與市集
- 134 採購英國知名品牌

136

玩樂篇

- 138 套裝行程與觀光票券
- 142 英國必訪城市
- 160 倫敦必玩景點
- 165 漫步倫敦皇家公園
- 168 包羅萬象的博物館
- 173 非凡享受音樂劇
- 175 熱門在地生活體驗

178

通訊應變篇

- 180 打電話及上網
- 182 郵寄
- 184 遺失物品
- 185 被偷、被搶
- 186 生病、受傷、找廁所
- 187 指指點點應用英語
- 192 救命小紙條

認識英國
About United Kingdom

英國,是個什麼樣的國家?

提到英國這個國家,你會想到什麼?
面積有多大?距離台灣有多遠呢?她還有哪些特色?
透過本篇介紹帶領大家認識英國,揭開她的面紗,拉近你和英國人之間的距離。

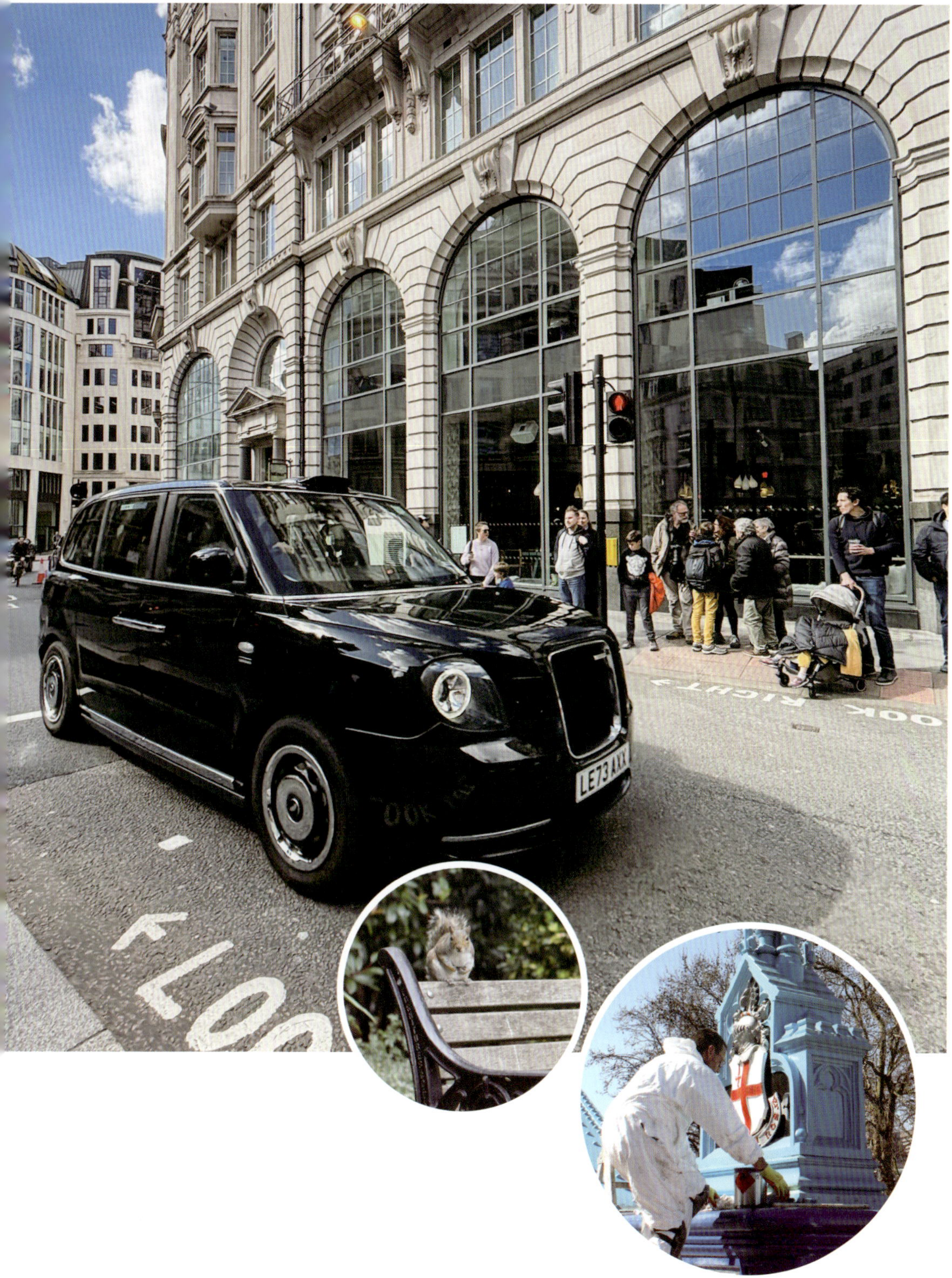
LE73 AXX

英國小檔案

英國小檔案 01

領土 | 英格蘭、威爾斯、蘇格蘭、北愛爾蘭

英國的英文全名為United Kingdom of Great Britain and Northern Ireland，簡稱United Kingdom、UK。由此可知，英國是由大不列顛(Great Britain)和北愛爾蘭(North Ireland)組成的聯合王國，其中大不列顛包括英格蘭(England)、威爾斯(Wales)和蘇格蘭(Scotland)這3個地區。

除了本土範圍，世界上仍有許多英國海外領地與屬地。

英國基本情報

首都：倫敦
各聯邦首府：
英格蘭—倫敦(London)
威爾斯—卡地夫(Cardiff)
蘇格蘭—愛丁堡(Edinburgh)
北愛爾蘭—貝爾法斯特(Belfast)
人口：約6千多萬人
宗教：教堂林立的英國，基督教為大宗，目前仍有超過4成人口為基督徒，其餘最多人信仰的是回教(5%)，因此也不乏清真寺，此外，還有印度教、錫克教、猶太教和佛教的追隨者，但無特殊信仰者將近4成。
官方語言：英語
使用貨幣：英鎊GBP

英國重要景點位置圖

地圖繪製／許志忠
地圖修訂／王佩于

英國小檔案 02

地理 | 和台灣一樣，也是海島型國家

英國是一個位於歐洲西北邊的海島型國家，與整個歐洲大陸並無陸地相連，最北的領土昔德蘭群島（Shetland Islands）已非常接近北極圈。英國北有北海，距挪威、丹麥不遠；西瀕大西洋與美洲大陸遙望；東南則有英吉利海峽與荷蘭、比利時、法國相對，與法國最近距離僅有35公里之遙。唯一與英國陸路相連的國家為愛爾蘭共和國。

英國小檔案 03

政治 | 君主立憲的民主國家

英國是一個君主立憲的民主國家，其政府體系影響了許多其他國家的政治體制，包括加拿大、印度、澳洲等英聯邦成員國。英國沒有成文的憲法，但憲法慣例具有憲法的作用；各種成文法和普通法共同組成了所謂的英國憲法。

英國的政府首腦是首相，首相是議會的議員，必須取得下議院中多數議員的支持方可就任，所以首相往往是國會獲得最多席位的政黨領袖，首相和內閣在形式上由君主指派，但是根據憲法慣例，君主不能否決當選首相和首相所指派的內閣成員。

名義上，國王是國家元首、最高司法長官、武裝部隊總司令、英格蘭教會最高領袖，也參加立法機關活動，現實生活中主要扮演禮儀性角色。英國君主目前為查爾斯三世國王。

英國有數個重要的黨派，其中又以保守黨及工黨為最大宗。政治上，議會是英國政治的中心舞台，它是最高立法機關，政府就是從議會中產生，並對其負責。英國的國會為兩院制，由上議院和下議院組成。內閣成員來自議會兩院，大部分來自平民院，首相和內閣擁有實際的最高行政權力。現任英國首相為工黨的施凱爾（Keir Starmer）。

英國小檔案 04

人口 | 各色人種都有

目前英國總人口數大約是6千多萬人，包含各大洲移民，大城市尤其為多種族的大熔爐，當地甚至有「搭乘倫敦地鐵時，很少聽到乘客以英語交談」的這種謠傳說法呢！

英國小檔案 05

語言 | 英語、威爾斯語、蓋爾語

除了最通用的英式英語之外，英國各地幾乎都有自己的地方語言或是語音腔調，像是威爾斯地區通行威爾斯語，路標也都會標示兩種語言。蘇格蘭地區的腔調，對台灣旅客來說，可能比較不容易聽懂；蘇格蘭地區也有少部分居民說蓋爾語。

英式英語的發音和美式英語略有不同，某些習慣用字也有差異，需稍加留意，以免鬧出笑話。

英國小檔案 06

國旗 | 有趣的三合一國旗

英國這種叫做Union Flag，是三合一的國旗，3個王國合成。威爾斯旗不在英國國旗中，這是因為設計英國國旗的時候，威爾斯是與英格蘭一起併入英國的。

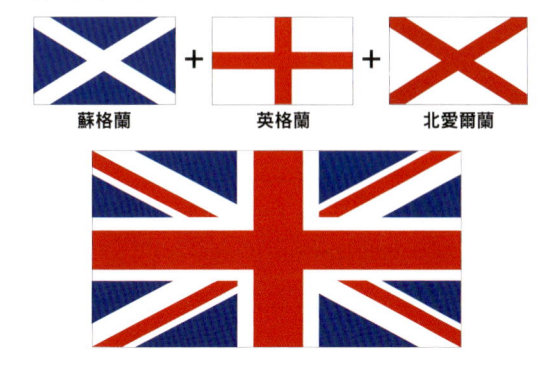

蘇格蘭 + 英格蘭 + 北愛爾蘭

英國小檔案 07

經濟 | 世界第六大經濟體

英國是世界上第六大的經濟體，在歐洲排第二，僅次於德國。18世紀開始英國靠工業漸強大，目前絕大部分經濟來源靠的是銀行財經、鋼鐵重工業、交通運輸、觀光旅遊、服務業等。然而，英國從早期的金融海嘯，到如今的脫歐，加上新冠肺炎帶來的衝擊，即使市井小民都可以感受到經濟危機，民生物資調漲、商店倒閉都是相當明顯的證據。不過，英國政府對於新冠肺炎，後期的樂天操作態度，卻也引領了觀光人潮回流。

英國小檔案 08

氣候 | 變化無常，晴時多雲偶陣雨

英國屬於溫帶海洋型氣候，氣溫不會太高，但天氣變化無常，晴時多雲有霧偶陣雨，甚或下冰雹，全都可能在一天之中發生，多層次保暖的穿著搭配防風、防雨外套，並攜帶雨具，才能應付英國多變的氣候。

倫敦7月分的平均溫度約為22°C左右，位於蘇格蘭的愛丁堡，7月分平均氣溫也僅18°C。冬季的氣候更是溼冷，1、2月分平均溫度為0°C左右。倫敦不常下雪，但在英國北部，冬天雪季可能持續數個月。

此外，英國因為緯度高，日照時間依季節不同而長短不一。夏季日照時間長，約清晨4點天就亮了，直到晚上9點多夕陽才下下。相反，冬季日照時間短，太陽直到早上8點才冒出頭，但下午3點多又一片漆黑了。

想知道英國各地的氣候，可參考BBC Weather網站(掃下方QRcode)。在頁面中的「Search」欄位，可以輸入地名或是郵遞區號，來查詢最多2週內的天氣。天氣預報以每小時為單位，所以能清楚見到一天內的氣溫變化，另外，預報內容也包含了每小時的降雨機率及風速。

路上觀察：英國人冬天也穿短袖

英國人不論天熱天冷，都時常穿著短袖短褲，似乎一點也不怕冷。尤其是週末晚上，即使天氣再冷，還是會看到穿著細肩帶配短裙、不穿外套去夜店的女生。

▲查詢天氣預報

英國主要城市每月平均氣溫對照表 氣溫單位：攝氏°C

城市	1月	2月	3月	4月	5月	6月	7月	8月	9月	10月	11月	12月
倫敦 London	0~6	0~7	1~10	3~13	7~17	9~20	11~22	10~19	8~19	6~18	3~11	1~8
愛丁堡 Edinburgh	0~6	0~6	1~8	3~11	5~14	8~17	10~18	10~18	8~16	5~13	2~9	0~7
伯明罕 Birmingham	0~6	0~6	1~9	3~12	6~16	9~19	11~20	10~20	8~17	6~13	2~9	1~6
貝爾法斯特 Belfast	1~7	1~7	2~9	3~11	6~15	9~18	11~19	11~19	9~17	7~13	3~9	2~7
卡地夫 Cardiff	2~7	1~7	3~10	4~12	7~16	11~19	12~20	12~20	11~18	8~14	5~10	2~8
約克 York	0~6	0~6	1~9	3~12	6~16	9~19	11~20	11~20	9~17	6~14	2~9	1~7

英國小檔案 09

治安 | 英國並非只有紳士淑女

英國的治安基本上不會很差，但在城市鬧區的路上還是要提防小偷，包包要隨時夾住。老外對於他們的孩童是很保護的，所以如果會看到婦女抱著嬰兒討錢的，通常是吉普賽人；也請注意在路上「發放」鮮花的婦女，她們會將花拿給遊客並索取費用；更有針對小孩「發放」造型氣球的人，當然，這並不是免費贈送，小孩接過氣球後，你可能會被收取一筆費用，筆者上次路過時聽到有遊客被收取£5。在倫敦中國城附近SOHO很多酒吧，夜晚除了英國人，也會有世界各地的遊客，要注意色鬼會亂摸女生屁股。

週末晚上在大街上走要小心醉鬼，英國人在週末晚上都會去夜店或Pub，喝多了就會亂吼亂叫或刻意找碴，尤其是有足球賽時更是火氣上身。若週末晚上想出去玩，女生最好不要獨自一人，去夜店最好有個非亞洲人的同伴陪伴。

英國小檔案 10

航程 | 直飛15～16小時

希望搭乘直飛班機、且可以說中文者，可選擇華航，大約15～16小時的飛行時間。若不介意轉機，則有更多航班可選擇。部分轉機行程可選擇停留轉機點，預辦適宜的簽證，相信你的行程會更豐富！

若你的目的地不是英國倫敦，而是想去英國其他城市，例如：中部的伯明罕、曼徹斯特或北部的愛丁堡，可選擇飛到當地的機場，雖然沒有從台灣直飛的班機，但有相當多從歐洲各機場聯通進來的航線，例如阿姆斯特丹或法蘭克福就是常用的轉機點。從香港或是杜拜，也會有直飛倫敦機場以外的航線。

英國小檔案 11

幣值 | 1英鎊≒41元新台幣

英國只用英鎊，歐元不流通，僅有少數地方接受歐元。英鎊幣值符號為£，1英鎊約等於41元新台幣（2024年11月的匯率）。1英鎊＝100便士。英鎊的說法：Sterling、Great British Pound、GBP、Pound、£；便士的說法：Pence、p。

紙幣有4～5種面額，蘇格蘭地區有發行100英鎊紙幣，但英格蘭地區則無此面額鈔票；硬幣則有8種。面額在20英鎊以下的鈔票較流通，小商店可能不太願意收50英鎊以上的鈔票。蘇格蘭地區有自行發行的英鎊紙幣，幣值與英格蘭地區的英鎊完全相同，兩地英鎊可通用，但大面額的蘇格蘭紙幣最好到銀行換成英格蘭地區的紙幣，避免小商店拒收。

此外須特別注意，台灣的銀行並不接受英格蘭以外地區所發行的英鎊匯兌，因此回台灣時，千萬不要隨意帶回蘇格蘭或其他地區發行的英鎊，否則是無法換回台幣的！若有英鎊現鈔要換回台幣，也要注意鈔票的完整性，不可有汙損。硬幣也是無法匯兌的，有剩餘的零錢就在機場花掉吧！

英格蘭銀行不定期會更換新鈔，普通遊客如手邊有不流通的舊鈔，可至倫敦的英格蘭銀行更換，或是拿到郵局使用；如在英國有開戶的住民，可直接到自己的銀行或郵局兌換。

▲5英鎊紙鈔 　▲10英鎊紙鈔

▲20英鎊紙鈔

英國小檔案 12

時差 | 比台灣慢7或8小時

位於英國倫敦近郊的格林威治天文台，它的經度是0°，自1884年即被訂定為格林威治標準時間（GMT）零點的起始處，所以比台灣時間（GMT+8）慢8小時。但英國每年3月底～10月底實施日光節約時間（British Summer Time，簡稱BST，亦稱為Daylight Saving Time；GMT+1），在這7個月裡，英國與台灣的時差則減為7小時。

貼心 小提醒

注意時差，以免錯過班次

若是搭交通工具遇到夏令、冬令時間切換日，要注意手表時間切換與搭車時間。

	時間範圍	英國時間	台灣時間
夏令時間(比台灣慢7小時)	3月的最後一個星期天～10月的最後一個星期天	08:00	15:00
		12:00	19:00
標準時間(比台灣慢8小時)	10月的最後一個星期天～3月的最後一個星期天	08:00	16:00
		12:00	20:00

英國小檔案 13

電壓 | 三插型插座，和台灣不一樣

英國的電壓為220～240V、50Hz，插座為三插型。插座上有保險開關，須按到ON這一邊，才能通電；反之，OFF就是不通電。如要攜帶電器前往英國，例如：行動電話和數位相機，務必先檢查是否支援國際通用電壓（110～240V），一般而言，這些資訊可在充電器黑黑方方的插座頭上找到！至於，手提電腦則全都支援國際電壓，電腦本身的充電器就有變壓功能，只需接上適當的轉接頭即可使用。此外，並不建議你攜帶得額外使用變壓器的電器產品，使用不當反而容易把電器燒壞！

英國小檔案 14

水龍頭水可生飲
只有冷水可以直接喝

英國人到餐廳吃飯都會點飲料酒水，到餐廳服務生第一個問的就是要喝什麼飲料，通常飲料錢都不便宜，想要省荷包可以點免費的「Tap Water」，意即自來水。

▲點「Tap Water」即是免費的自來水

英國小檔案 15

營業時間
約在09:00～21:00 Shopping請趁早

倫敦市中心購物商店的營業時間，週一～六平均為09:00～21:00，部分大型購物中心最晚營業到22:00，而週日平均縮減為12:00～18:00。如果在其他相對較小的城市旅遊，商店週一～六約18:00前打烊，但週四可能會延長營業時間到20:00(Late Night Shopping)，週日約17:00前打烊。各地市集營業時間則不一樣，也不一定每日都有，建議出發前先查詢官網資訊。

部分餐廳、Pub營業到深夜01:00，多數的Pub和超市在23:00後就不販賣含酒精飲料，以減少酒醉駕駛的發生。

銀行的營業時間為週一～五09:00～16:30，週末不營業，但可能隨地區而有些許調整。

▲英國人最愛下班放鬆小酌，通常先找好座位，直接到吧台點酒。點酒以Pint(品脫)為單位(圖片提供／Paul Storrie)

豆知識

與英國人來往的禮節

■ **見面親頰或握手**：朋友見面時通常會互親臉頰，或是貼著臉頰作勢親一下；若是彼此還不太熟，就握手，切忌隨便拍對方肩膀或擁抱。

■ **拜訪必帶伴手禮**：拜訪英國友人時，千萬不可以「兩串蕉」登門。一瓶酒、一盒巧克力或一束花，都是基本的見面伴手禮。

■ **被請客如何給評**：若和朋友去吃飯或遇到有人請客，即使不喜歡餐點，也不要直說不好吃，或是給很多意見，可以禮貌性地說「interesting」，這樣對方就能了解。

■ **打嗝請偷偷地打**：吃飽喝足後，在公共場所不要大打飽嗝，請偷偷地打嗝。

■ **開門時注意禮節**：在購物中心或是餐廳等公眾場合，開門時請注意是否也有其他人要跟著進出，若有，基本上會幫忙把門扶住，方便下一個人進出。

■ **海關問答要謹慎**：過海關時，若聽不懂問題，請直接說「Pardon?」，海關會再次解釋。切記不要回答「NO.」，這很可能讓海關誤以為你的回答就是「NO.」，這時若再多作解釋，恐怕會以為你是想找理由掩飾。

■ **聽不懂對方的英文**：聽不懂或聽不清楚對方說的話時，可以說「Excuse me?」或「Pardon?」讓對方再說一遍。不可以說「蛤？」，英國人覺得這是粗魯的表現。

■ **搭火車要提早去等**：在英國搭火車，有時會遇到延誤或取消，提早到比較容易掌握現場狀況。

■ **詢問時必加「請」**：尋求協助或詢問時，在句尾多加一句「Please.」，會讓被問的人覺得開心、被尊重，是有禮貌的表現。

■ **輪流請酒的串吧文化(Barhopping)**：英國人習慣輪流請酒，詢問彼此想喝什麼。和英國朋友到酒吧，不用不好意思對方為你買單，通常大家會很有默契地輪流買酒，接連去好幾間不同的酒吧，每人都喝一杯，所以只要記得對方快喝完時，換你買下一輪即可。

英國小檔案 16

英國印象 | 你也認識的英國名人

演藝界

- 高登•拉姆齊(Gordon Ramsay)：廚師、美食評論家、電視名人，以毒舌聞名。在英國與美國有許多與美食相關的節目。
- 哈利王子(Prince Harry)：脫離皇室，與家人住在美國。《Spare》《Harry & Megan》
- 賽門•考威爾(Simon Cowell)：電視製作人、唱片製作人。《英國達人秀》《The X Factor》
- 大衛貝克漢與維多莉亞貝克漢(David Beckham and Victoria Beckham)：當年的英國足球金童與前辣妹合唱團的組合。
- 丹尼爾•雷德克里夫(Daniel Radcliffe)：飾演哈利波特。
- 艾瑪•華森(Emma Watson)：《哈利波特》《少年自讀日記》《美女與野獸》《小婦人》
- 綺拉•奈特莉(Keira Knightley)：《贖罪》《神鬼奇航1～3、5》《傲慢與偏見(2005)》

藝文界

- J•K•羅琳(J•K•Rowling)：哈利波特奇幻文學系列作品，小說描寫主角哈利波特在魔法世界7年，學習及生活的冒險故事。該系列已被翻譯成70種以上語言，所有版本的總銷售量超過5億本。美國華納兄弟電影公司推出全7本作品的電影版，票房收入不同凡響。而哈利波特迷也不容錯過怪獸系列電影，如今已來到第三部《怪獸與鄧不利多的秘密》(Fantastic Beasts: The Secrets of Dumbledore)。
- 莎士比亞(William Shakespeare)：英國大文豪，作品有《羅密歐與茱麗葉》《哈姆雷特》《李爾王》《奧賽羅》《仲夏夜之夢》等。
- 畢翠絲•波特(Beatrix Potter)：以兒童讀物《彼得兔》聞名於世的英國作家。波特小姐也致力於英國湖區(Lake District)的保護。
- 珍•奧斯汀(Jane Austin)：《傲慢與偏見》《理性與感性》《愛瑪》《曼斯菲爾莊園》

音樂界

- 披頭四(The Beatles)：來自利物浦，被認為是流行樂壇歷史上最成功與最偉大的樂團。
- 艾爾頓•強(Elton John)：英國流行樂手、作曲家和鋼琴家，是英國流行音樂史上成功的獨唱歌手。
- 安德魯•洛伊·韋伯(Andrew Lloyd Webber)：最受歡迎的劇院作曲家，作品有《貓》《超級巨星》《日落大道》《歌劇魅影》等。
- 紅髮愛德(Ed Sheeran)：英國創作歌手、音樂製作人。
- 愛戴兒(Adele)：家喻戶曉的創作歌手，歌曲膾炙人口。

時尚界

- **Vivian Westwood**：英國著名服裝設計師，1972年和馬爾科姆合資開設「Let it Rock」酒吧，銷售唱片及衣服，帶領起龐克風潮，有「龐克教母」封號。其後以自己的名字創立時裝品牌，流行於英國和歐洲。
- **Alexander McQueen**：曾是英國最年輕的「英國時尚獎」(British Fashion Awards)得主，在1996～2003年之間共贏得4次「年度最佳英國設計師」(British Designer of the Year)，並曾獲頒英帝國司令勳章(CBE)，同時也是時裝設計師協會獎(Council of Fashion Designer Awards)的年度最佳國際設計師(International Designer of the Year)。2010年2月11日不幸逝世。
- **Stella McCartney**：時裝設計師，知名環保主義者，也是前披頭四成員保羅•麥卡尼的女兒。
- **Paul Smith**：英國著名的男裝設計師。

科學界

● 華生(James Watson)與克里克(Francis Crick)：1953年在頂尖期刊《自然》發表DNA的雙股螺旋結構(Double helix)，奠定人類基因治療和遺傳疾病研究的基礎。兩人在1962年同獲諾貝爾醫生獎。美國《時代》雜誌更在1998年把華生選為20世紀100位最重要人物之一。

政治界

● 邱吉爾(Winston Churchill)：英國著名政治家、演說家、軍事家和作家，曾於1945年出任英國首相，任期內領導英國在二次世界大戰聯合美國、對抗德國，取得勝利，1951～1955年再度出任英國首相，被認為是20世紀最重要的政治領袖之一，對英國乃至於世界均影響深遠。此外，他在文學上也有很高的成就，曾於1953年獲諾貝爾文學獎。在2002年，BBC舉行了一個名為「最偉大的100名英國人」的調查，邱吉爾獲選為有史以來最偉大的英國人。

● 納爾遜將軍(Horatio Nelson)：英國18世紀末及19世紀初的著名海軍將領及軍事家，在拿破崙戰爭期間擔任英國海軍司令，是有史以來最偉大的海軍指揮官。1805年爆發特拉法加戰役，納爾遜在戰事中取得英國海軍史上其中一次最重大的勝利，但自己卻中彈陣亡，身後遺體運返英國，葬於聖保羅大教堂。納爾遜被國人普遍視為偉大的軍事人物，他的英雄色彩在19世紀中葉開始受到宣揚，令他在一次世界大戰以前成為大英帝國海上霸權的象徵之一。即使到現代，納爾遜在不少英國人心目中仍享有崇高地位，現今位於倫敦西敏區的特拉法加廣場，即為紀念納爾遜而在1843年建成的。

● 柴契爾夫人(Margaret Hilda Thatcher)：英國歷史上第一位女性首相(任期1979～1990年)，也是20世紀英國連任最長的首相，素有「鐵娘子」之稱。

體育界

● Andy Murray：英國網球健將、戰績輝煌。
● Lewis Hamilton：英國一級方程式賽車手，也是歷年最成功的車手之一。

皇室

● 查爾斯三世國王(King Charles III)：繼故伊莉莎白二世女王，查爾斯為現任英國國王。
● 卡蜜拉王后(Queen Camilla)：查爾斯與黛安娜離婚後，與卡蜜拉再婚。
● 威廉王子(William, Prince of Wales)：威爾斯王儲，第一順位王位繼承人。
● 凱特王妃(Catherine, Princess of Wales)：與威廉王子育有3名子女，包括喬治王子、夏洛特公主以及路易王子。
● 哈利與梅根(Harry and Megan, The Duke and Duchess of Sussex)：塞薩克斯公爵夫婦，目前不履行皇室義務。

豆知識

亨利八世

英國最有名的歷代君主，除了伊莉莎白二世以外，絕不能不認識的就是亨利八世(Henry VIII)，都鐸王朝(Tudor)的第二任君主。亨利流傳在民間的並不是政績，而是他的精采生活。只要是參觀與英國歷史有關的展覽，或是各大戲劇中的題材，亨利八世經常是熱門主角之一，其中尤以亨利與他的6任妻子最為出名，有被寫成書、也有被翻拍成電影，就連小學生都可以琅琅上口的一首歌，歌詞寫的也是亨利歷任妻子們的結局「Divorced, beheaded and died. Divorced, beheaded, survived (離婚、砍頭、死掉。離婚、砍頭、倖存)」，嘲諷十足。

行前準備
Preparation

出發前，要預做哪些準備？

出國前先一一準備好護照、簽證、機票、現金，以及打包行李等，
若能搭上特殊節慶的順風車，旅行必然增色不少。
只要行前詳讀此篇，相信定能對你的行程規畫有所幫助，
到當地就可以盡情享受假期了。

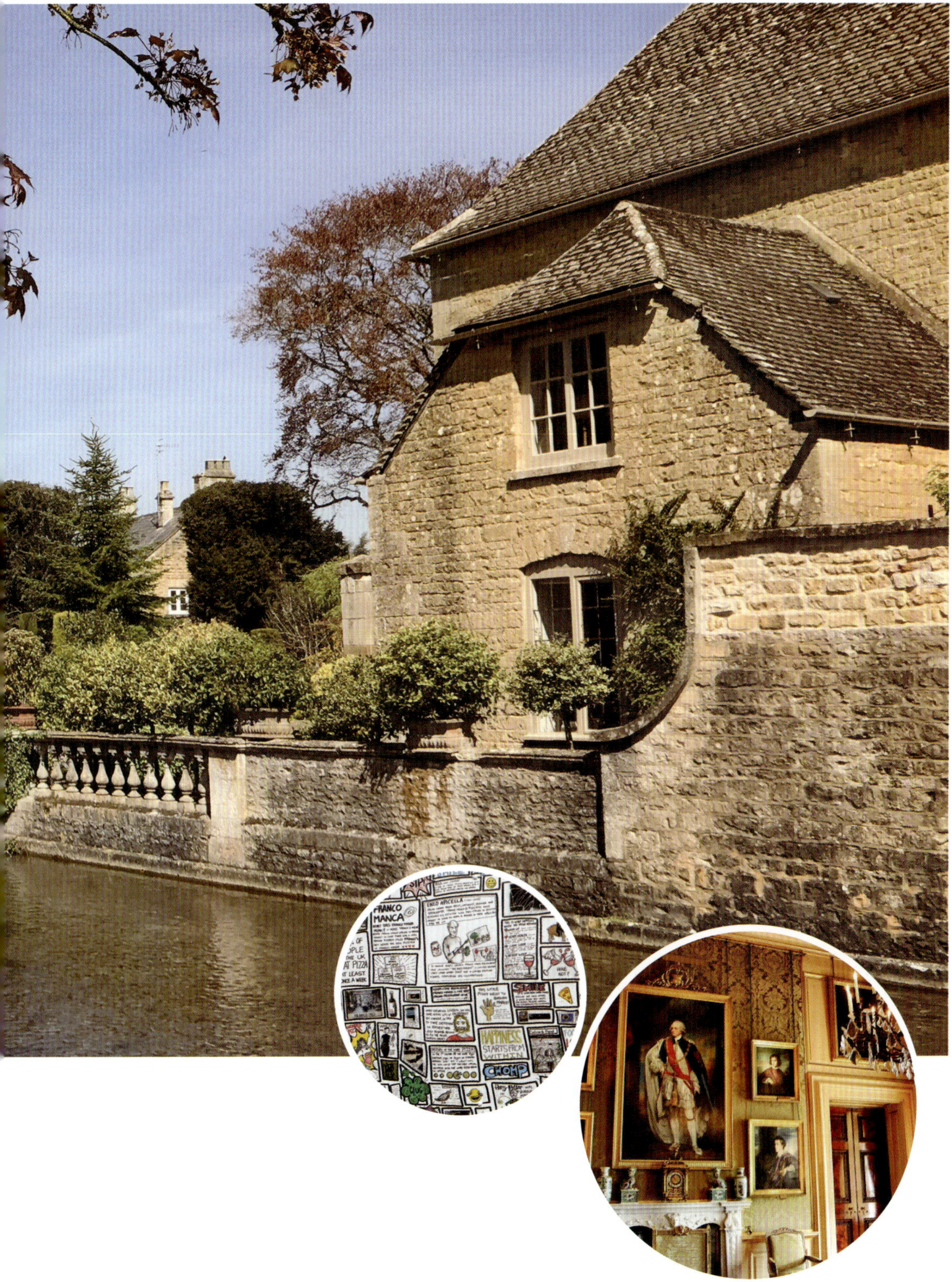
FRANCO MANCA
HAPPINESS STARTS FROM WITHIN
CHOMP

蒐集旅遊資訊

實用網路資源

英國是旅遊勝地，可參考部落客的分享增加概念，不過缺點是旅遊資訊不斷變更，若能搭配以下英文官網，則能有更多的即時資訊。YouTube頻道也有不少介紹英國的影片，對於「認識環境」的幫助很大，例如機場交通、飯店開箱等。

■ **Visit Britain**：英國官方旅遊網站，資料很豐富齊全，可查詢全國各類活動的日期與活動相關網站。
　　www.visitbritain.com

■ **Visit London**：倫敦旅遊網站，可搜尋各類景點、活動、住宿、各種票券，還有提供相關交通訊息。
　　www.visitlondon.com

■ **Time Out London**：倫敦最即時的吃喝玩樂資訊大蒐集。
　　www.timeout.com/london

■ **Britain Express**：將英國各地分區介紹景點，包含各地區的住宿推薦與預訂。
　　www.britainexpress.com

■ **背包客棧自助旅行論壇**：有英國與愛爾蘭的專屬論壇，旅遊訊息豐富，許多人會分享自己的經驗，安排行程時可以多加利用。
　　www.backpackers.com.tw/forum

■ **Lonely Planet**：有許多深入的景點或文化介紹，可先到官網瀏覽各大景點，來安排想去的地方。
　　www.lonelyplanet.com/england

實用APP推薦

BBC Weather
語言：英語
系統：Android　iOS

優質的英國天氣預報和雷達數據，可以直接從氣象局馬上提供你想看到的天氣細節。

Uber
語言：英語
系統：Android　iOS　Windows Phone

英國的Uber不僅可以叫車，還可以查詢和訂購火車票，不收手續費。

Traveline Scotland
語言：英語／繁簡中文
系統：Android　iOS

提供蘇格蘭的公共交通和路況信息，可以幫助你規畫旅程。

TfL Go: Live Tube, Bus & Rail
語言：英語
系統：Android　iOS

倫敦地鐵局官方地圖、即時資訊、大眾運輸計畫建議。

London Travel Guide
語言：英語
系統：Android　iOS

詳細的離線地圖，深度旅遊的內容，著名的景點和倫敦城市指南方向。

Scotland Explore
語言：英語
系統：Android　iOS

蘇格蘭國家旅遊局的官方指南。

Show Me Wales
語言：英語
系統：Android　iOS

威爾斯旅遊指南，包括數百個景點、活動、用餐、城鎮、村莊和住宿位置的詳細資料。

國定假日和節慶

事先了解英國的國定假日將有助於行程規畫。其中，銀行休假日(Bank Holiday)幾乎都在週一，但偶有例外。只要遇到銀行休假日就等同週日，商店營業時間會縮減，交通也會減少班次。另外，請特別注意，12月25日聖誕節當天不僅交通停擺，商店、景點也都休息。

除了以下列出來的國定假日，自助旅行者還有一項因素需要考慮：英國學校假期。每逢學校假期，不管是機票或是住宿皆會大幅漲價。英國學制與台灣不同，每年分成3學期，主要假期有聖誕新年連假、復活節連假以及暑假。另外，在每個學期中還會各穿插著一次為期一週的學校小連假(Half Term)。

英國的國定假日

日期	假期	說明
1月1日	元旦	全英假日
1月2日	新年假	只有蘇格蘭放假
3月17日	聖派翠克節 St. Patrick's day	北愛爾蘭假日
3月底、4月初	復活節假期	3天～4天的連續假日，也就是春分月圓後的第一個週末。週末前的這個星期五是耶穌受難日(Good Friday)，因此從這一天開始放假，一直放到隔週的星期一結束，共放4天；不過，蘇格蘭則只放3天假。耶穌受難日不一定：2025年4月20日、2026年4月5日
5月第一個星期一	May Day Bank Holiday	全英假日
5月最後一個星期一	Spring Bank Holiday	全英假日
7月12日	奧蘭治日 Battle of the Boyne (Orangemen's Day)	北愛爾蘭假日
8月第一個星期一	Summer Bank Holiday	僅蘇格蘭放假
8月最後一個星期一	Summer Bank Holiday	僅英格蘭、北愛爾蘭放假
10月30日	聖安德魯日 St. Andrew's Day	蘇格蘭假日
12月25日	耶誕節	交通停駛，商店休息
12月26日	Boxing Day	冬季折扣正式開跑。但並非所有商店都營業，交通也僅部分行駛

＊以上資訊時有異動，出發前請再次確認。

全英節慶一覽表

日期	節慶／地點	說明
1月1日	名稱：Edinburgh's Hogmanay 地點：愛丁堡	蘇格蘭新年，從12月底就開始狂歡囉，新年期間，住宿一位難求喔！http www.edinburghshogmanay.com
1月1日	名稱：London's New Year's Day Parade(LNYDP) 地點：倫敦	倫敦新年大遊行。在西敏寺與大笨鐘周邊舉行。 http www.londonparade.co.uk
2月	名稱：Chinese New Year 地點：倫敦、曼徹斯特	英國的華人很多，自然少不了過中國年的氣氛。中國新年時，大城市如倫敦、曼徹斯特，都有相關慶祝活動。
3月17日之前那個星期天	名稱：London St. Patrick's Day Festival 地點：倫敦	為紀念守護愛爾蘭的聖徒聖派翠克，於倫敦舉行的慶祝活動。英國各地也有紀念活動。
春分月圓後的第一個星期天	名稱：Easter Sunday	復活節，各地都有慶祝儀式，也有屬於小朋友的繪彩蛋活動。宣告春天正式到來，是英國的連續大假期。冬天時，關閉的景點，也多從此時開始開放參觀。
3月底~4月初	名稱：Oxford and Cambridge Boat Race 地點：倫敦的泰晤士河	牛津與劍橋大學划船賽，這兩所英國高等老學府會擇日在泰晤士河划船較勁。http theboatrace.org
7月中旬~9月中旬	名稱：PROMS 地點：倫敦艾柏特音樂廳	夏季逍遙音樂會，一連串的平價夏季音樂會。以PROMS in the Park(海德公園露天表演)和The Last Night (最後一場)最為熱門。近年也於其他城市舉行，如曼徹斯特、格拉斯哥。 http www.bbc.co.uk/proms
8月、9月	名稱：Buckingham Palace 地點：倫敦白金漢宮	白金漢宮在每年夏天約有10週開放民眾買票參觀。
8月	名稱：Edinburgh International Festival、Festival Fringe、Military Tattoo 地點：愛丁堡	愛丁堡國際藝術節、外圍藝術節與軍樂表演。世界級的重要藝術節，各種正統的、實驗性的藝術形式齊聚一堂。 http www.edinburghfestivals.co.uk
8月第二個週四~日	名稱：Bristol International Balloon Fiesta 地點：布里斯多近郊	全球最大的熱氣球節，百顆熱氣球妝點布里斯多天際。 http bristolballoonfiesta.co.uk
8月最後一個週末	名稱：Notting Hill Carnival 地點：倫敦	諾丁丘嘉年華會在這個週末於倫敦的諾丁丘舉行。 http nhcarnival.org
8月最後一個週末	名稱：International Beatleweek Festival 地點：利物浦	披頭四節在利物浦市中心舉辦，現場會有來自多國的流行樂團演出，相當熱鬧。 http www.internationalbeatleweek.com
9月	名稱：Thames Festival Trust 地點：倫敦的泰晤士河畔(大約在西敏寺橋到倫敦塔橋這一段之間)	英國倫敦泰晤士節。夜間嘉年華、音樂、舞蹈、煙火、街頭藝人表演，這是少數持續到夜間的大型活動。 http thamesfestivaltrust.org
10月	名稱：TCS London Marathon 地點：倫敦	倫敦馬拉松大賽，路經倫敦各大景點，不管是參加或觀賽都很有趣。http www.tcslondonmarathon.com
10月31日	名稱：Halloween Night	萬聖節之夜。
11月第一個星期天	名稱：London To Brighton Veteran Car Run 地點：倫敦—布萊頓	「倫敦—布萊頓」老爺車賽。由倫敦海德公園出發至布萊頓的老爺車賽，參賽車全是古董車。http www.veterancarrun.com
11月5日	名稱：Bonfire Night	福克斯之夜。英國各處都有煙火表演的民俗節日，為慶祝福克斯試圖炸毀國會大廈未果。
11月第二個星期六	名稱：Lord Mayor's Show 地點：倫敦	倫敦市長遊行。倫敦的市長和許多團體會一同上街遊行表演，還會放煙火喔！http www.lordmayorsshow.org
12月第一個星期四	名稱：耶誕節慶活動開跑	倫敦的特拉法加廣場會立起挪威人贈送的超高耶誕樹，並舉行點燈儀式。牛津街和攝政街也會點亮耶誕燈，直到隔年元旦過後。
12月24日	名稱：Christmas Eve	耶誕夜，各地教堂舉辦子夜彌撒。
12月25日	名稱：Christmas Day	耶誕節，所有商店都提早關門，大家都回家與家人團圓。
12月26日	名稱：Boxing Day	國定假日，僅少數商店營業。百貨公司準備開始大打折。
12月31日	名稱：Hogmanay／地點：蘇格蘭	蘇格蘭除夕狂歡。

＊以上資訊時有異動，出發前請再次確認。

倫敦節慶活動

日期	節慶	說明
1月	地鐵無褲日 the No Trousers on the Tube Ride	由美國民間組織Improv Everywhere於2002年發起的一項活動，目前活動已經在全球60多個國家舉行；倫敦則是在每年的1月選擇某一日舉辦。
2月、9月	倫敦時裝週 London Fashion Week	與巴黎、米蘭、紐約時裝週並稱為4大時裝週。 www.londonfashionweek.co.uk
3月17日	聖派翠克節 Saint Patrick's Day	紀念愛爾蘭的主保聖人——聖派翠克主教的節日，人們會穿戴有綠色的衣物參加遊行慶祝。倫敦遊行中午開始從Piccadilly到Trafalgar廣場。
通常在4月第一個週末	國際枕頭大戰 International Pillow Fight Day	活動目的在於藉由枕頭大戰達到宣洩平常生活繁忙的壓力。確切地點請參考官網。 Newmindspace(主辦單位)
5月下旬	雀兒喜花園秀 Chelsea Flower Show	由世界知名的花園設計師、植物專家、花店齊聚一堂，展現最前衛的花園設計和花卉藝術作品，並出售園藝用品和盆栽。 www.rhs.org.uk/shows-events/rhs-chelsea-flower-show
5～9月	攝政公園露天劇場 Regent's Park Open Air Theatre	在英國最古老的戶外劇院——攝政公園的露天劇場，演出一系列戲劇、音樂、喜劇和電影活動。 openairtheatre.com
5月底～6月初	攝政公園玫瑰花季	瑪麗皇后花園裡的國花玫瑰，1萬2千朵一齊綻放，千嬌百媚。
6月第二個週六	裸體單車日 World Naked Bike Ride	響應環保拯救地球，改騎單車，回歸原始的人性與自然為訴求。確切日期請參考臉書。 WNBRLondon
6月下旬或7月初	同志大遊行 Pride in London	確切日期請參考官網。 www.prideinlondon.org
6月某個週六舉行	國王壽辰閱兵慶典	www.trooping-the-colour.co.uk
6月底～7月初	溫布頓網球錦標賽	www.wimbledon.com
6、7月	BP Big Screens	熱門免費活動，可欣賞歌劇以及芭蕾。 www.roh.org.uk/about/bp-big-screens
9月的某個週末	倫敦建築開放日 Open City in London	一般不對外開放的建築、私人住宅、政府大樓、歷史古蹟、教育機構等，在這天都可以入內參觀。 open-city.org.uk
10月	倫敦電影展 BFI London Film Festival	詳細日期請參考官網。 whatson.bfi.org.uk/lff/Online/
11月	倫敦爵士節 EFG London Jazz Festival	詳細內容、時間請參考官網。 www.efglondonjazzfestival.org.uk
11月	聖誕節點燈活動 Christmas Lights in London	各地都有活動請上網查詢。 搜尋關鍵字「Christmas Lights in London」
12月31日	倫敦除夕煙火秀 London New Year's fireworks	在泰晤士河畔欣賞英國年度大型煙火秀。購票請早。 www.visitlondon.com/things-to-do/event/27002385-london-new-years-eve-fireworks

＊以上資訊時有異動，出發前請再次確認，更多活動請見www.london.gov.uk/events。

準備旅行證件

申辦護照

第一次出國，或是護照有效日期不滿6個月者，則須申辦或更換護照，可至外交部領事事務局(簡稱領務局)或外交部中、南、東、雲嘉南辦事處辦理。此外，服役男性出境前仍應事先申請核准，詳情請查詢官網。

http www.ris.gov.tw/departure/app/Departure/main

需準備文件

- 護照申請書1份。
- 國民身分證正本，準備1份影本黏貼於護照申請書正面(14歲以下無身分證的小孩，需繳驗戶口名簿正本，附上1份影本，或是3個月內有效之戶籍謄本1份)。
- 2吋彩色照片1式2張。
- 舊護照(新辦則免)。

辦理簽證

持有效台灣護照前往英國，目的為旅遊、探親與遊學，都不需要辦理簽證，最長可停留6個月(12個月內，總停留時間不能超過6個月)。入境英國時，仍須查驗相關證明文件，例如回來回機票、財力證明、企業贊助邀請函、學校信函等，務必記得將這些文件放在隨行行李中。此外，英國海關對於短期遊學的檢查漸趨嚴格，建議事先準備好詳細的遊學資料，例如學校證明、信件、住宿和遊學期間經費等，以供海關檢查。若是定居、工作、結婚、註冊超過6個月以上的課程，或是停留超過6個月，則須依規定申請英國簽證。

護照這裡辦

外交部領事事務局
- http www.boca.gov.tw
- 台北市中正區濟南路1段2之2號1～3樓
- (02)2343-2807、2343-2808
- 週一～五08:30～17:00，國定例假日除外
- 新台幣1,300元整(費用時有更動，請參考外交部領事事務局公告)
- 一般件為10個工作天，遺失補發件為11個工作天

＊以上資訊時有變動，出發前請再次確認。

ETA電子旅遊憑證　**重要**

英國政府已擴大電子旅遊憑證範圍，凡持台灣護照入境英國(停留期間未滿6個月)，或是過境英國轉機(包括不經過英國海關者)，出國前需上網填寫資料申請ETA，此規定自2025年1月8日起實施。若持有任何英國簽證(如學生簽、配偶簽、工作簽等)或以英國護照入境，則不需要辦理ETA。

▲UK ETA

申請ETA可以透過網路或是UK ETA APP辦理，每份申請收費£10，效期為2年。申請時需提供護照資料，因此若在ETA有效期間更換護照，ETA也會隨之失效。一般情況下，ETA的審核為3個工作天，等待結果時，還是能夠前往英國，但切記一定要在前往英國前就提交申請，為了以防萬一，建議提早準備。

http apply-for-an-eta.homeoffice.gov.uk/how-to-apply

英國簽證這裡辦

出發英國之前，應事先釐清自己需要的簽證種類，是申請ETA，或是申辦其他各類英國簽證。可線上查詢確認是否需要辦理簽證。

若是申辦英國簽證，進入官網後，只要依照網頁上的指示申請、付款，並前往VFS Globe台北簽證中心蓋指紋及拍照即可。如申請學生簽證，一般會在3週內收到申請結果。

▲申請ETA電子旅遊憑證　▲查詢是否需辦理英國簽證　▲線上申請英國簽證

國際駕照

英國鄉村地區的大眾交通運輸並不是很方便，因此自己租車旅遊也很適合。在英國租車，必須準備國際駕照、中文駕照正本以及護照正本。尤其中文駕照一定要帶，雖然外國人不一定看得懂中文字，但這才是駕照的正本，國際駕照只是翻譯本，並不能替代駕照的合法性。

短期訪客(居住英國12個月以內，或在英停留時間185天以內)，可持台灣核發的國際駕照於英國駕車，無需申請換照。使用國際駕照在英國駕駛僅有1年期限。

申辦應備文件

請備妥身分證、原領之駕駛執照正本、2吋證件照2張、護照影本。若有違規罰款案件，請先處理結束，**請注意** 國內駕照被吊銷或註銷者，不得申請國際駕照。

申請英國駕照

台灣駕照持有人成為英國住民起算的5年內，可向英方申請換發英國駕照。需要向英國駕照及行照監理局(DVLA)申請D1表格，

▲申請英國駕照

並向駐英國代表處或駐愛丁堡辦事處申辦「駕照翻譯證明」，並且提供所需文件。

國際學生證

國際學生證(International Student Identity Card，簡稱ISIC)由國際學生旅遊聯盟(The World of Student Travel)發行，是國際通用的全職學生身分證明。全球有數萬家廠商與發卡單位簽約合作，提供許多優惠給持卡人，例如部分景點入場折扣、交通購票折扣(如National Express巴士)、餐飲住宿也可能有搭配的優惠。

若非學生身分，年齡未滿31歲者，可辦理國際青年證(IYTC)，提供與國際學生證相同的折扣；年齡超過30歲者，可辦理國際教師證(ITIC)、YH青年旅舍卡(Youth Hostel Card)等，也可享有不同的優惠。中華民國國際青年之家協會可辦理以上證件。

國際證件這裡辦

國際駕照
- 各縣市監理處
- 當天申請，當天拿到
- 新台幣250元

YH青年旅舍卡
- www.yh.org.tw
- 台北市大安區忠孝東路四段148號5樓之一(中華民國國際青年之家協會)
- 0911909257
- 新台幣600元

國際學生證、青年證
- www.isic.com.tw/ch/apply-for-card.html
- 台北市忠孝東路四段142號5樓502室
- 新台幣400元

＊以上資訊時有異動，出發前請再次確認。

行程規畫須知

決定旅遊天數

英國是一個很適合深度旅遊的國家，從南到北有極大的文化差異，尤其英國有便利的大眾運輸，以及相當好的旅遊安全性，建議最少安排7天以上。

安排行程時，可以考慮以下幾個重點，將會影響行程有趣的程度喔！

- **天氣**：最適合進行觀光的月分是5～9月(詳見P.14)，天氣溫暖、降雨較少，日照也最長。
- **花費**：英國旅遊有淡旺季之分，主要受學校假期影響。旅遊旺季時所有的價格都會調漲；相反地，淡季時比較有機會獲得更多折扣，或是用較少的花費住到更好的飯店。
- **節慶**：當地的風俗節慶也可以列入考慮，例如8月前往蘇格蘭，可感受世界聞名的愛丁堡軍樂節；12月底遊倫敦，可欣賞華麗的聖誕燈(詳見P.25)。

▲ 裸體單車日

選擇旅遊方式

機+酒自由行

機+酒的套裝行程相當方便，一次解決機票與酒店，而且通常這種套裝行程會比分開訂購同樣的項目還要優惠，不過機+酒僅適合在定點(及近郊)旅遊的遊客，如果希望前往多處的旅遊者就不適用。

半自助行

有些半自助旅行團保有旅行團的方便，例如有司機導遊、不用煩惱交通等，同時也提供了部分的自由度，讓團員可自由選擇偏好的景點，甚至可以自行安排全日景點。很適合自助初學者。

全程自助行

全程自助需要自己處理所有的事情，詳細規畫食宿和交通的花費，優點是自由度高，可安排深度的旅遊。規畫時可多參考他人的旅遊經驗。首先，列出自己想去的景點和主要的旅遊目的，例如城市觀光、博物館、電影景點，或是名人古蹟等。然後再標出各景點的地理位置，查詢評估所需的交通時間，排定適當的參訪時間。此外，安排時間要彈性一點，以便機動調整行程。

若旅遊天數不多，就不要太貪心跑太多個地方，除了交通很花時間之外，也不能深入地玩，而且頻繁更換住宿點也容易身心疲累。

事先訂好住宿

網路訂房相當方便，提早規畫，選擇及折扣也相對較多。訂好住宿後，通常會收到確認的E-mail，列印下來就可作為訂房證明。訂房時要特別注意訂房取消的相關條款，例如最晚何時能取消；取消需支付多少費用；是否可免費取消等。

提早訂購車票

如果有預算考量，則需事先考慮火車票的購買方案，尤其是長程火車票。英國國鐵火車分成原價票和預售票，預售票的票價是浮動的，越晚買價格越貴，大部分預售票在3個月內釋出。有些路線只有原價票，原價票即使當天買價格還是一樣的，所以不需要提早訂購。

貼心小提醒
自己做功課更可靠

想找餐廳或下午茶館，最好自己先做好功課、查清楚地點。個人經驗曾在某英國城市要找一間茶館，向當地人問路，結果被好多人指引去了星巴克。

▲圖片提供／博物館之夜主辦單位

外幣匯兌

英國的商店與餐廳幾乎都能刷卡付費，連路邊攤、甚至街頭藝人都有自備讀卡機，所以絕大部分時間可以不帶現金，直接刷卡付款最方便。如果是第一次來英國還不熟悉，那麼建議還是準備少許現金。以下是幾個在英國可能會用到現金的地方：

- ■ 少數小商店會規定達到某個金額以上才能刷卡，例如£3。
- ■ 一些中餐館鼓勵付現金，所以付現可能會給予折扣優惠。
- ■ 有些老舊的停車繳費機會需要投硬幣。
- ■ 有時候可以留一些硬幣當作小費。

感應式付款

感應式付費(Contactless Payment)是近年最方便的消費方式，尤其新冠疫情衝擊後，大部分消費者避免接觸，都以刷卡付款為主，目前英國的感應式消費上限也已經提高到£100。如果卡片上有水波紋標記，就代表是感應式信用卡，另外也接受Apple Pay，相當方便。

出國前可先向發卡銀行詢問可否臨時調整信用額度。在英國，即使是在便利商店消費，也可以使用信用卡，小額刷卡也不會被拒絕。不過用台

灣信用卡在國外消費會產生手續費，可選擇利於國外消費的卡別。

以信用卡消費，和一般刷卡步驟相同。但有時刷卡會被要求輸入密碼(Pin Code)代替簽名。若台灣信用卡尚未使用此功能，則需告知對方，沒有密碼(No Pin Code)，仍需使用簽單。必要時，將會核對護照。

款或借款，不過可能會收取手續費。若有手續費，機器上一定會顯示要收手續費的資訊(Extra Fee、Extra Charge之類的用詞)，若是不同意，按取消鍵(Cancel)就可退卡取消交易。

現金結帳

現金是最簡易的貨幣攜帶方式，但有遺失的風險，最好不要帶太多現金在身上。£20以下的小面額鈔票較好用；£50大鈔可以在大型超市或百貨公司使用，小店或路邊攤一般都會拒收。

跨國提款

英國銀行的提款機都可跨國提錢，銀行裡外都有ATM提款機，附近也都有監視器。出國前一定要先向發卡銀行確認清楚：(1)是否可用於英國跨國提款。(2)設定好晶片密碼和條碼密碼。(3)是否有可用於跨國提款和預借現金的信用卡。(4)跨國提款的手續費規範。

除了銀行，有些小雜貨店或公共場所也會設置提款機，可以提

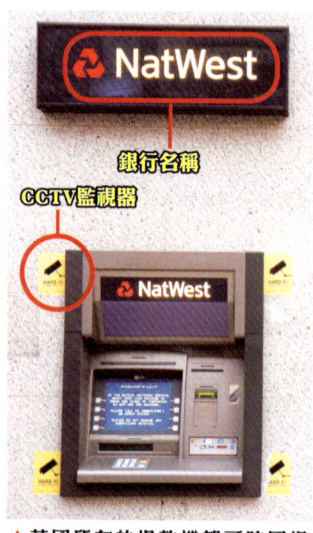

▲英國所有的提款機都可跨國提款，很方便

銀行換匯

英國的銀行和郵局都有換匯服務，但若臨時要在英國買英鎊或是想把旅行支票換成現金，就要找兌換處(Bureau de Change或Eurochange)。不一定都能接受台幣換英鎊，用美金和歐元換英鎊就絕對沒問題，也可以刷信用卡買英鎊。

看懂匯率表

看匯率表只要記得，把別的貨幣換成英鎊，是要看We Buy那一排；把英鎊換成其他貨幣，則看We Sell那一排。換匯時，記得注意手續費(Service Charge、Commission Fee、Handing Fee等)的計算方式，看是依照所換金額的總數百分比計算，或是每次交易扣一筆手續費，或是合併多種計算方式？也可以直接問：「XX元的美金(或歐元)總共可以換多少錢的英鎊？」

A.現金賣出 / **B.**現金買進 / **C.**旅行支票賣出 / **D.**旅行支票買進

行李打包

一般經濟艙可託運的行李重量為20～30公斤左右，手提行李依各航空公司規定。盡可能在抵達機場前確認行李重量，超重運費依每公斤計算，而且非常昂貴！搭乘廉價航空可攜帶的行李更少，且收取超重費時更是絕不手軟，無可通融。

洋蔥式服裝

英國的天氣變化無常，即使在7月也可能僅有攝氏15度左右的低溫，出太陽時又可能高達30度以上，所以洋蔥式穿著法是比較適當的，然後視天氣狀況穿脫衣物。打包衣物時，最好準備容易穿脫的服裝，除了最外層的大外套之外，其他都不要太厚重。鞋子則應攜帶好走、好穿的平底鞋，千萬不要穿新鞋。另外，依行程需要，例如有預訂米其林餐廳、音樂表演等，可準備一套正式服裝。

個人備品

旅館一般都不會提供個人用品，例如牙刷、牙膏、盥洗用品、室內拖鞋等，必須自備。近視者可考慮攜帶一副備用眼鏡，隱形眼鏡在英國需要處方，所以最好也要備齊。

英國緯度較高，準備太陽眼鏡可保護眼睛。因應英國多陰雨的天氣狀況，除了容易下毛毛雨外，颳大風也是稀鬆平常的事，由於風速很大，建議帶一把能抗強風的傘。

另外，別忘了帶足自己的常備藥品。如有特殊需求的遊客，請事先向醫生請教，並準備好自己需要的藥品，以免在英國人生地不熟，雞同鴨講要買藥也不太方便。海外遊客在外就醫不如台灣便利又便宜，建議事先處理好保險，並將保險文件存放於郵件中或是攜帶著，必要時便可查看。

行李檢查表

√	物品	補充說明
	重要物品類	**重要文件務必隨身攜帶，最好準備行李鎖或旅行貼身暗袋。**
	護照、簽證、機票、相關證明文件	免簽證入境的證明文件應置於隨身行李中，例如：來回機票、財力證明、邀請函等。務必檢查有效期限。
	信用卡、現金、國際證件	可向發卡銀行適度調整額度，並記下海外救援與掛失電話。英鎊現金以￡20鎊以下的面額為主。
	個人用品類	
	牙刷、牙膏、內衣褲	一般旅館不會準備牙刷及牙膏，需自備。
	化妝保養品、生理用品、防曬乳	氣溫雖不一定很高，但紫外線很強且氣候乾燥，要注意防曬及保濕。英國也買得到。
	衛浴電器、吹風機	一般飯店、民宿會提供。有特殊需求或是住在青旅可考慮攜帶。男性刮鬍刀可以到英國購買拋棄式。
	充電器、行動電源、電器轉換插座與變壓器	行動電源額定容量不能超過160Wh，且不能託運。
	常備藥品	個人常用藥品可多帶1份，並分開放。特殊用藥攜帶處方箋。
	太陽眼鏡、雨具	遮陽、遮雨，足夠堅固能抗強風。防風保暖的外套是夏天必備品；冬天則需注意頭部保暖。
	眼鏡、隱形眼鏡	建議攜帶備用眼鏡，在英國配眼鏡相對較貴又麻煩。
	正式服裝	觀賞正式表演或上高級餐廳時，需著正式服裝。

機場篇
Airport

抵達機場後,如何順利入出境?

入境英國、從英國出境,該怎麼做?
從機場到倫敦市區或其他地方,有哪些交通方式、該怎麼搭乘、該怎麼買票?
照著步驟做,就能順利來去英國。

圖片提供／SCOPERS

15 minutes to
central London
Heathrow Airport ⇄ London Paddington, every 15 minutes
Trains depart Heathrow 05.07 - 00.88

All gates
↑ Escape lounge

20% Off Fragrance
WORLD DUTY FREE

英國入出境步驟

大部分前往英國旅遊的台灣旅客，會選擇飛往倫敦，由倫敦為據點，再前往其他各處旅遊，而倫敦最大的機場則為希斯羅機場(Heathrow Airport，LHR)，亞洲飛往倫敦的班機，大多數都在希斯羅降落。如果希望前往英國北部，或是以愛丁堡為據點，也可以選擇從歐洲或是杜拜等地轉機過去。若要從英國搭乘廉價航空飛往歐洲，倫敦的史坦斯特機場(Stansted Airport，STN)則是廉價航空的大本營。

倫敦的國際機場

倫敦目前有6個國際機場，其中最繁忙的是希斯羅機場，共5個航廈，第二航廈有中華航空(CN)、長榮航空(BR)、泰國航空(TG)、新加坡航空(SQ)，以及ANA全日空((NH)等；第三航廈有國泰航空(CX)、阿聯酋航空(EK)；第四航廈有越南航空(VN)等，第五航廈主要是英國航空(BA)。

第二大機場是蓋威克機場(Gatwick Airport，代號LGW)，也有相當多國際航班。其他分別是斯坦斯特德機場(Stansted Airport，STN)、盧頓機場(Luton Airport，LTN)、城市機場(City Airport，LCY)，以及紹森德機場(Southend Airport，SEN)，大部分是短程航線或廉價航空。

▲下飛機後，走All Passports通道前往海關

入境英國機場

Step 1 入境審查

下飛機後，跟著入境(Arrivals)的指標走，即可抵達移民關，注意看指標，持台灣護照通常是走「All Other Passports」通道。2025年1月8日後，從台灣入境英國的短期遊客，請事先申請好ETA(詳見P.26)。

▲每個關卡有入境機場的流程表圖

請務必備妥離境的相關證明(如機票、火車票或船票)，因為海關最擔心就是非法滯留。並且可能需要準備相關的財力證明，避免被誤會為非法打工或濫用福利。短期遊客不需要很正式的文件，通常只要大概描述有攜帶信用卡及現金、有訂房證明等，表示自己在英國旅遊消費完全沒有問題。

如果是媽媽自己帶著孩子入境，因為台灣孩子一般從父姓，海關可能會懷疑是不是真的一家人，這時候如果手邊有簡單的親子關係文件就可以避免被問多餘的問題。此外，移民關人員可能還會要求輸入指紋。若沒問題，移民關人員會在護照上蓋入境章，這樣就可通關了。

35 So Easy! Traveling in United Kingdom

機場篇

Step 2 提領行李

過了移民關後，便可前往行李提領處領取託運的行李。由於同一時間抵達的航班很多，要注意螢幕上顯示的航班編號和對應的行李轉盤。

▲行李轉盤電子看板(看航班號跟出發地來確認幾號轉盤)

Step 3 稅關檢查

入境英國的行李是採抽查制，海關和安全人員會隨機攔檢抽查。若攜帶的物品超過限額，最好還是乖乖走紅色櫃檯自行申報，否則被查到了不但要罰款，以後每次出入境也會增加受檢的麻煩。

▲有物品需申報者走這裡

▲無東西要申報的人請走這裡

貼心 小提醒

行李規範及免稅品限額

肉類、乳製品或相關產品(如泡麵、肉燥)都是違禁品。任何肉類與乳製品(嬰兒奶粉除外)一律禁止從歐盟外攜帶入英國，只有魚製品不在此限。

隨身手提行李中所有的液體，包含各種乳液狀、膠狀的產品(例如：粉底、乳液、牙膏、面膜等)，每項都必須裝在容量不超過100毫升的罐子裡，再全部裝入一個容量1公升以內的透明夾鍊袋，方可通過安檢。照相機和手機的備用鋰電池須放在手提行李中，不可以託運。

入境英國的免稅品限額(17歲以上旅客)
- 菸草類：香菸200支，或小雪茄100支，或雪茄50支，或250克菸草。
- 酒精類：烈酒4公升或普通酒(不超過酒精濃度22%)9公升，另可以再攜帶啤酒42公升，以及一般不起泡的餐酒18公升。
- £390以內的香水及商品。
- 攜帶等值£10,000英鎊以上的現金、旅支和匯票入境時須申報，以免受罰。

▲提領行李都是大同小異的

入境英國海關常問的問題

英國海關是出名地嚴謹，尤其從大機場（如希斯羅機場）入境英國，海關一定會謹慎詢問幾個問題。對於一般遊客，有幾個問題，可以預先準備。

必問問題

1. 來英國的目的？ What is the purpose of your visit?
2. 來英國的天數？ How long do you intend to stay?

其他常見問題

1. 是否有出境／回程機票？ Do you have a return ticket? May I see it?
2. 職業是什麼？ What do you do?
3. 財力相關問題。How much money do you bring?／How will you pay for your visit?
4. 住在哪裡？ Where will you be staying?
5. 旅行計畫？ Do you have any travel plans?
6. 之前有來過英國嗎？ Have you ever been to the UK?
7. 在英國有親屬朋友嗎？ Do you have any friends/relatives in the UK?

▲沿著指標走往大眾運輸交通

出境英國機場

Step 1 找到航站與出境層

不論是前往哪一個機場，一定都有清楚的指標，抵達後，請依照離境(Departures)指標前往你要搭機的航站(Terminal)。如果你是要去機場接機，則是往入境(Arrivals)的方向走。

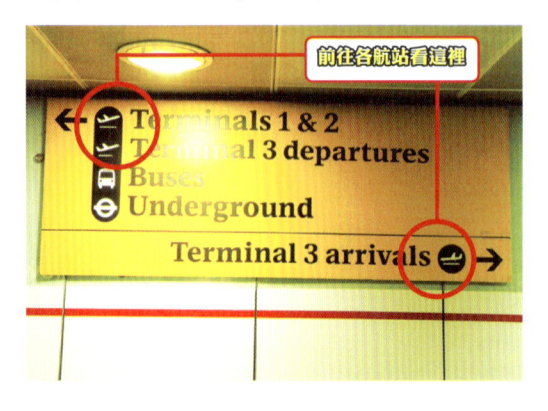

前往各航站看這裡

Step 2 報到 Check-in

抵達航站後，先找電子螢幕「Check-in information」，會顯示起飛時間、目的地、班機編號，這樣一來，就可以知道要前往哪一區報到了！如果在規模比較小的機場，稍微留意一下，即可看到航空公司的報到櫃檯。

▲辦理登機手續看板資訊(Check-in information)。請對照時間、目的地、航班號碼，就可得知所屬報到區域：航班號(Flight)、目的地(Destination)、出發時間(Time)、航班目前狀態(Status)

Step 3 出關候機

到櫃檯報到劃位、託運了行李之後,你就會拿到登機證(Boarding Pass),再依循前往離境檢查處(Departures Gates)指標前進。準備好護照和登機證即可出關,接著會做安全檢查,然後就是開逛、購物的時間囉!購物區各處也都設有電子螢幕,即時更新所有的航班資訊,請隨時注意班機是否臨時變更登機口、登機時間和登機廣播。

前往離境檢查處

倫敦機場好用服務

■ 機場常見標誌與服務

▲充電站(免費)

▲行李付費服務。提供行李直接郵寄或包膜服務

▲機場服務台

▲前往巴士、計程車搭乘處,以及停車場

▲前往倫敦的巴士購票處

▲機場換匯銀行

■ 購買SIM卡

機場內也有多處販售當地SIM卡,但是價格通常比市中心的電信公司貴一些。
- WHSmith商店、藥妝店Boots等。
- 部分出境大廳設有SIM卡販賣機,如希斯羅機場第三航廈。
- 出境大廳可能設有綜合SIM卡販賣商店,可請店員建議最合適的SIM卡。

▲機場SIM卡櫃檯

免費上網

倫敦各機場都有提供免費Wi-Fi，如果剛出境還沒買到SIM卡，想先跟家人報平安或是查詢資訊，皆可利用。

免稅商店

機場免稅店的伴手禮不一定比較便宜，反而價格可能被抬高，但優點是能一次找到許多「英國風」的禮盒，如餅乾、巧克力等。

倫敦6座機場Wi-Fi比較表

製表／英國人蔘

	希斯羅機場	蓋威克機場	斯坦斯特機場	盧頓機場	城市機場	紹森德機場
免費Wi-Fi	有	有	有	有	有	有
當日免費使用限制	不限	不限	4小時	不限	不限	不限

＊以上資訊時有變動，出發前請再次確認。

機場Wi-Fi使用步驟 Step by Step

以希斯羅機場為例：

Step 1 打開手機搜尋Wi-Fi

選擇Heathrow Wi-Fi連線。

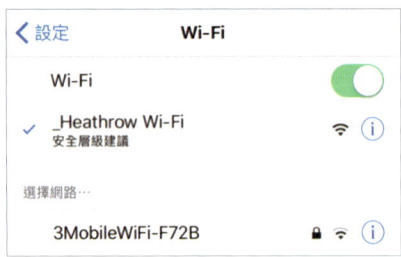

Step 2 選擇方案

連線後打開網頁，會出現以下畫面，選擇Sign in。

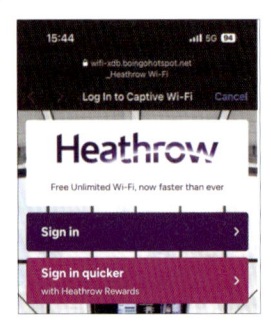

Step 3 填寫資料

填寫姓名、E-mail、航班號等資料後就可以免費上網。

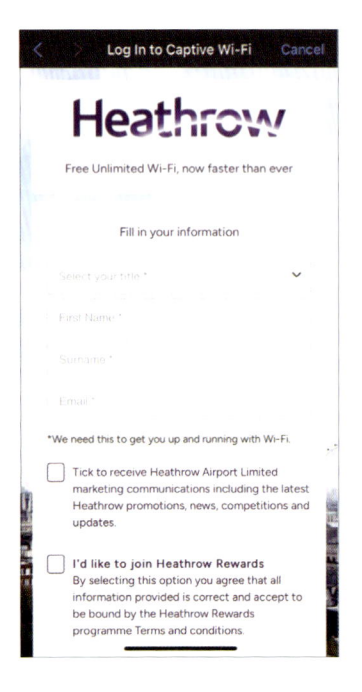

從希斯羅機場到市區

大部分台灣旅客搭乘長途航線，可能會降落於倫敦希斯羅機場，此機場也是交通選擇最複雜的，因此本書中特別介紹。

出了稅關檢查櫃檯，就會進入到入境／接機大廳，機場的標示很清楚，請注意看告示牌，上面清楚的標示著方向。機場內有數個航廈，可以搭車免費轉乘。出機場的旅客請沿著自己希望搭乘的交通工具的方向前進。例如搭乘巴士，請沿著**Central Bus Station**的方向；如搭乘地鐵，請沿著**Underground**的指標；若搭乘火車(希斯羅機場快線及伊莉莎白線)，請沿著**Trains**的指示。

▲倫敦市中心的帕丁頓火車站月台

▲沿著火車站的標示，就能走到售票大廳

搭火車

希斯羅機場有兩種火車可選擇，一種是希斯羅機場快線(Heathrow Express)，往返機場及倫敦帕丁頓火車站(London Paddington Station)，直達車，中途無其他停靠點，單程最快只要15分鐘，是進倫敦最快的交通工具，各班次的間隔約15分鐘。票價是大眾運輸中原價票最貴的，但搭乘起來也最舒適，提早購票可以買到折扣票。

另一種是倫敦地鐵局鐵路的伊莉莎白線(TfL Rail／Elizabeth Line)的火車，可以從機場往東搭車進倫敦市中心以及東倫敦，包含帕丁頓站、利物浦街站、斯特拉福站等。還能從機場往西邊一路搭到瑞丁(Reading)，因為連通的車站相當多，所以是遊客以及通勤族的最愛。

希斯羅機場快線購票方式

機場快線標準艙單程£25，來回£39，早鳥票£10起。不論購買的是早鳥票、單程票或來回票，搭車時間都是彈性的，不限於特定班次。希望省荷包的旅客，建議提早購票搶購早鳥優惠。

如果是第一次來英國，建議事先準備好車票，才不會因人生地不熟感到緊張；現場也有售票機可以買票。

http https://www.heathrowexpress.com

❶ **官網預購**：選擇單程或是來回(一張來回票會比兩張單程票來得划算)，輸入搭車日期，按下搜尋車票(Find Tickets)，系統就會顯示所有車票。早鳥票優惠(Advance Discounted Single)是最便宜的，接著就是原價標準艙(Standard Class)，商務艙(Business First Class)的位置相對較大。付款後會收到確認郵件，請將PDF車票下載到手機，就可以用來搭車。

❷ **手機APP**：用Heathrow Express Mobile APP購票相當方便，首次使用者還可享有9折優惠。

❸ **現場買票**：可在機場的人工售票櫃檯，或是售票機器買票(機器上會標有Heathrow Express的字樣或Logo)。

❹ **悠遊卡(Oyster Card)／感應式付款(Contactless Payment)**：可以在閘口直接刷悠遊卡或是用信用卡付款，但是不會有折扣，金額也不會列入悠遊卡的扣款上限(P.79)。

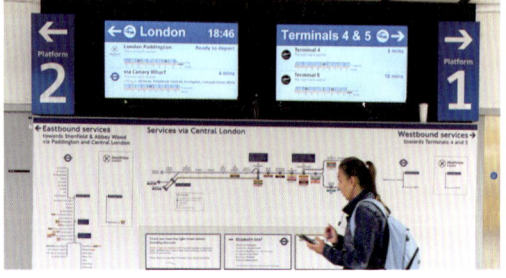

希斯羅機場快線購票須知

■ 早鳥票£10起，最早可以預購1年內的票。
■ 持火車通行證(Railcard)搭乘希斯羅機場快線，可享34%折扣優惠；持國際學生證(ISIC)可享25%折扣優惠。另外，輸入折扣碼DUOSAVER可享雙人優惠，輸入3RDOFF可享團體優惠(3人以上)。
■ 未滿16歲者，在持票大人陪同下可免費搭乘，訂購成人票時，請一併加選免費的兒童票。若持登機證及身分證明文件，可單獨免費搭乘。
■ 希斯羅機場內不能辦理火車卡(P.56)，機場內沒有此服務。

伊莉莎白線購票方式

搭乘伊莉莎白線(Elizabeth Line)從機場往返市中心，可使用悠遊卡或感應式付費，每趟扣款£12.2。這趟費用可計入當日的扣款上限(例如1～6區的每日扣款上限為£15.6，同一天內不論在1～6區內搭乘幾趟公車或地鐵，當日最多只會被收取£15.6)。持1～6區旅遊卡(Zone 1～6 Travelcard)，也可搭乘伊莉莎白線往返倫敦市中心。

▲這台機器標示著可購買希斯羅快線、伊莉莎白線以及倫敦地鐵局車票

貼心 小提醒

希斯羅機場火車票不適用London 2 FOR 1

不論希斯羅機場火車快線或伊莉莎白線，皆非由國鐵局公司管理，不適用國鐵局的London 2 FOR 1優惠。但若從其他機場前往倫敦市中心，搭火車皆適用London 2 FOR 1。

火車搭乘步驟 Step by Step

Step 1 月台候車

買票後就可直接進月台等車了。候車月台的牆面有電子顯示器，會標示下班車何時會到站、將停靠的月台，以及目的地。

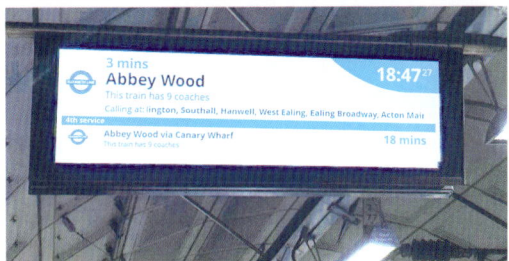

▲搭乘伊莉莎白線，月台上一樣有電子螢幕，都會顯示列車資訊

Step 2 核對車廂

火車來了，核對一下車票，再看一下車門上寫的字，看是不是你要搭的車廂等級(頭等艙為First Class，二等艙為Express Class)。還有，車上一定會有人查票，所以別搞丟車票。

注意車門標示

Step 3 抵達轉乘

從倫敦市中心的帕丁頓火車站可轉乘倫敦地鐵系統，也可轉搭火車前往英國其他城市，如巴斯。

行李別忘了

火車車廂內部解析

DOOR OPEN按鍵

▲要去別的車廂，先按牆壁上的開關(DOOR OPEN)，門才會打開

電視螢幕　　行李架

▲這是希斯羅特快車二等艙內部，上車後有空位的地方就可以坐

搭地鐵

希斯羅機場位在倫敦收費區第六區(Zone 6)，通往1區市中心的地鐵為皮卡地里線(Piccadilly Line)。希斯羅機場為起始站，有設備完善的無障礙設施，因此從機場搭乘地鐵不會有太大問題。但有些地鐵站並無設置手扶梯或電梯，如果有攜帶大型行李箱，請預先了解目地站(以及轉車站)有無障礙設施，最簡單的方式，即是攤開倫敦地鐵圖，車站上有標示無障礙標誌者，則表示該站設有完整(或部分)無障礙設施。

購票方式

- 自動售票機購票：可購買原價的單程票，從6區(機場)到1區(市中心)每趟£6.7。
- 用悠遊卡或感應式付款：刷卡搭車在倫敦是最方便且相對划算的，每趟扣款£5.6。
- 購買旅遊卡(Travelcard)：如果要在倫敦待一整天，會搭上數趟交通工具，但你沒有悠遊卡也不能使用感應式付款時，可考慮購買一日旅遊卡。包含1~6區的日卡售價：Anytime(不限時)為£22.6，Off Peak(離峰)為£15.9。

貼心小提醒

Oyster Card扣款尖峰時段

基本上絕大部分路線都分成尖離峰時段。以倫敦地鐵以及倫敦境內國鐵為例，尖峰時段指的是週一~五06:30~09:30、16:00~19:00，除此之外為離峰時段。但是也有特例，如週一~五16:00~19:00之間，從1區以外搭車進入1區，是收取離峰費用；而從希斯羅機場出發，不論目的地是1區，或是路線行經1區，都是收取尖峰費用。

地鐵搭乘步驟 Step by Step

Step 1 順著指標走

順著希斯羅機場裡的「Underground」指標走，就會找到地鐵站。

地鐵站標示

Step 2 進入月台

可使用悠遊卡或其他感應式付款方式，在閘口的黃色感應器感應卡片，如持有涵蓋6區的旅遊卡或單程紙票，可直接將票券插入票口，再拿起即可。

▲查看地鐵圖，確認前往區域

Step 3 找車、等車

希斯羅機場只有藍線地鐵(Piccadilly Line)，但有3個站點，分別是第五航廈、第二三，以及第四航廈。在機場時要看好指標，寫「往Central London」才能搭乘，列車上會標示終點站是Cockfosters，遊客都是上同一班車，所以不太會出錯。

Step 4 抵達、轉乘

地鐵車廂沒有行李架，但可能可以找到僅有靠背，沒有座椅的空間，方便旅客放行李。倫敦地鐵人多複雜，最好能盯著行李。請注意：不是每台地鐵都有電子螢幕告知所在位置，有些車子僅簡單廣播，要隨時留意以免過站。

貼心小提醒
週末地鐵班次較少

週末的車次會比較少、間隔較久，某些路線也可能不營運而必須轉車，這是因為英國的交通維修都在週末進行，所以假日搭車較不方便。

購票方式

直接在National Express的官網訂票即可(單程£5.2起)，線上訂票手續費£1.5，如加入會員My Account，線上訂票可免除訂票費。也可到中央巴士站的售票櫃檯買票，但手續費需要£2。巴士不能超載，所以如果沒有提早購票，又不幸遇到客滿，現場只能等待候補。

貼心小提醒
National Express免費行李上限

1個手提行李，尺寸不能超過45x35x20(公分)；外加1個大行李，尺寸上限75x50x32(公分)，重量不超過20公斤。

搭巴士

經營希斯羅機場往返倫敦市中心的客運公司為National Express，沿途停靠Earl's Court站，市中心終點站是維多利亞長途巴士總站(Victoria Coach Station)，距離維多利亞火車站僅幾分鐘的步行路程。全程車程約40～80分鐘不等。

要搭乘往市中心的直達車，請沿著「Central Bus Station」的指標，從中央巴士站上車。

搭計程車

若是攜帶的行李較多，或是不想搭大眾運輸，也可選擇從希斯羅機場搭乘計程車前往飯店。

黑色計程車

倫敦的計程車選擇眾多，其中最知名的便是大家熟悉的黑色計程車(詳見P.89)，不過黑色計程車是跳錶計算價格，算是比較昂貴的選擇。從機場搭車進入1區，大概需要1小時車程，有時塞起車來，跳錶的價格恐怕吃不消。

私人計程車

若預算有限,可考慮私人計程車(Minicab),先講定價格,會更划算。私人計程車一定要先預訂,不能隨招即停;而且公司更是五花八門,一定要找有執照的計程車,執照一般會貼在車外以及車內,另外,也不要忘記查看最新評價。

Uber

Uber比黑色計程車及私人計程車都更平價,但是訂車的時候要記得把行李也考慮進去。

▲私營計程車一般會將執照掛在車牌附近

Klook註冊及預訂 Step by Step

市面上有許多提供預訂計程車的綜合網站,如果對中文閱讀比較有信心的旅客,也可以選擇先在Klook(客路)預訂機場接送。

▲線上預訂希斯羅機場接送

Step 1 進入搜尋頁面

進入Klook希斯羅機場接送頁面,即可輸入更多資訊,包括:起點、終點、日期與時間,以及乘客數量,接著按「搜尋」查看結果。

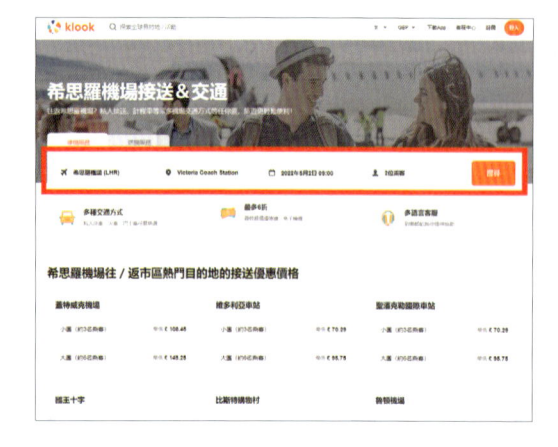

Step 2 查看搜尋結果

這個頁面會跳出可預訂的計程車資訊,可以見到計程車公司名字、車型、費用及其他相關訊息。

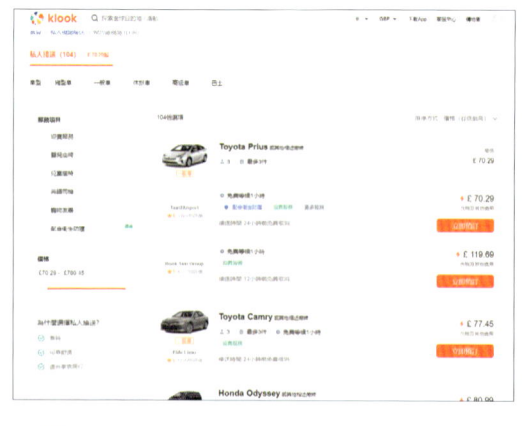

Step 3 航班資訊、其他加購服務

挑選你喜歡的計程車,按下「立即預訂」,然後需要輸入航班資訊,如有其他加價服務,此時可順便點選。

Step 4 準備付款

按照指示輸入個人資訊、並且付款。付款前請再次查看相關資訊，例如更改或取消的相關規定。

傳統計程車服務計價表(起跳£3.8)

貨幣單位：英鎊

距離	車程	週一～五 05:00～20:00	週一～五20:00～22:00、週六～日05:00～22:00	週一～日22:00～隔日05:00及國慶假日
1英哩	6～13分	7.60～11.80	7.60～12.00	9.00～13.00
2英哩	10～20分	11.60～18.40	12.20～18.60	13.40～19.60
4英哩	16～30分	20.00～29.00	22.00～30.00	23.00～34.00
6英哩	28～40分	31.00～39.00	38.00～42.00	39.00～42.00
希斯羅機場到倫敦市中心	30～60分	61.00～114.00	61.00～114.00	61.00～114.00

＊以上資訊時有變動，出發前請再次確認。

製表／廖子晴

希斯羅機場往返倫敦市中心交通總整理

交通方式	抵達站	票價	乘車時間	班距間隔	備註
希斯羅機場快線 Heathrow Express	倫敦帕丁頓站，中間不停靠	單程票£25、來回£39 註：另有許多折扣方式	15分鐘	15分鐘	最快，可刷卡，但不適用每日扣款上限優惠
地鐵局鐵路(慢線) TfL／Elizabeth Line	倫敦帕丁頓站，沿途另有6個停靠站	刷卡£12.2	30分鐘	30分鐘	第二快，刷卡可列入每日扣款上限
地鐵 Underground／Tube	皮卡地里線，沿途多個停靠站，包括國王十字站	刷卡每趟£5.6，購買單程票£6.7	至國王十字站約50～60分鐘	約5～10分鐘	最平價。刷卡可列入每日扣款上限
巴士 Coach(National Express)	維多利亞巴士總站	£5.2起	40～80分鐘	每小時2～3班車	車上提供免費Wi-Fi
計程車 Taxi		車資一般£60起	進市中心約50～60分鐘		最方便，點到點

＊以上資訊時有變動，出發前請再次確認。

製表／英國人蔘

從蓋威克機場到市區

蓋威克機場位在倫敦南方45公里處，是倫敦第二大國際機場。由此進入倫敦市中心最快的方式就是搭火車，車站緊連著南航廈，從南航廈出境後只要沿著「Train Station」走一小段路就會抵達車站大廳；若降落在北航廈，可以搭乘機場內的免費接駁單軌電車前往南航廈，再轉搭火車。

搭火車

前往倫敦市中心主要有3條火車路線：蓋威克機場快線、南方鐵路以及泰晤士河連線鐵路。雖然從機場往返市中心，可以使用倫敦悠遊卡直接扣款搭乘，但卻不一定比買火車票划算，建議仔細比較之後再決定。

▲蓋威克機場出境大廳

▲除了蓋威克機場快線外，其他火車的行李放置空間都是有限的

蓋威克機場往返市中心火車票價比較表

製表／英國人蔘

火車方式	路線	乘車時間／班距間隔	原價票價	折扣票價	Oyster Card 扣款票價	備註
蓋威克機場快線 Gatwick Express	蓋威克機場直達維多利亞火車站(London Victoria Station)，中途不停靠	約30分鐘；約30分鐘一班	單程(Anytime Single)£23、來回(Anytime Return)£45.8	■直接從蓋威克機場快線官網購買，有9折優惠：單程£20.5、來回£40.8 ■接受Railcard折扣(線上價)：單程£15.15、來回£23.2 ■團體票(3~9人)優惠34% ■出示ISIC國際學生證，可在售票處享有購票25%優惠	單趟(不分尖、離峰)：£22.9	最快、最舒適、最貴、行李置放空間多
南方鐵路 Southern Trains	蓋威克機場往維多利亞火車站，中途有停靠站	約32~34分鐘；每小時約6班車	單程(Anytime Single)£20.4、來回(Anytime Return)£40.6	■預售票(Advance)£14 。**請注意**：預售票僅能搭固定班次，可從任何火車公司網站購買 ■接受Railcard折扣 ■團體票(3~9人)優惠34%	單趟：尖峰(週一~五06:30~09:30)£18.4、離峰£10.10	■蓋威克機場並不是起始／終點站，尖峰時間會有許多通勤上班族 ■行李架小 ■不能事先預約座位

火車方式	路線	乘車時間／班距間隔	原價票價	折扣票價	Oyster Card 扣款票價	備註
泰晤士河連線鐵路 Thameslink	蓋威克機場往市中心幾個重要火車站，包括：St. Pancras、Farringdon、Blackfriars、London Bridge	至St.Pancras：快車約45～60分鐘；每小時約有4～7班車	單程(Anytime Single)£14.4、來回(Anytime Return)£25.7；假日(Super Off Peak)單程票£11.9	■接受Railcard折扣 ■團體票(3～9人)優惠34%	單趟：尖峰(週一～五06:30～09:30)£18.4、離峰£10.10	■原價最便宜 ■機場並非起始／終點站，且此路線連接金融區上班族，尖峰時間擁擠 ■行李架有限 ■不能事先預約座位

＊以上資訊時有變動，出發前請再次確認。

貼心小提醒

從蓋威克機場便於前往英國南方

蓋威克機場位於倫敦南方，若要往英國南邊觀光，火車連通相當便利，例如從蓋威克機場到海濱度假鎮布萊頓(Brighton)，搭火車僅需25分鐘。

購票方式

❶火車票可從網路預訂，或現場購買。如在蓋威克機場，出境後沿著Train Station的指標走，在火車站的售票大廳有自動售票機，也有人工售票櫃檯提供服務。

http www.gatwickexpress.com、www.nationalrail.co.uk

❷使用Oyster Card或感應式付款方式直接搭乘。如欲在蓋威克機場購買Oyster Card，可前往蓋威克機場的火車站購買，或找尋倫敦地鐵局設置的小櫃檯，可以買卡並加值。

▲自動售票機接受信用卡

搭巴士

可選擇搭乘National Express巴士，或是Megabus往返市中心或其他城市。National Express巴士在倫敦的終點站為維多利亞巴士總站，大約每小時一班車，整段路程約耗時90～120分鐘左右，票價£8起，建議在網上先訂好票最划算。

如行李沉重或是不喜歡人擠人，可考慮計程車，前往市中心大約1小時車程。與蓋威克機場合作的計程車公司為Airport Cars Gatwick，南北航廈都有服務點，詳細資訊及訂購請查詢官網。

http www.airportcars-gatwick.com

▲出境後，在綜合售票櫃檯可購買巴士、公車及火車票

從其他機場到倫敦市區

倫敦除了希斯羅機場和蓋威克機場，另外還有4個國際機場，若選搭廉價航空前往其他歐洲城市，或是搭乘國內線，就有可能會使用到。遊卡搭車，但如果是往返Luton Airport Parkway Station 以及London St Pancras International，則可使用感應式付款。

盧頓機場(Luton Airport)

主要是廉航easyJet，也有其他廉航航線進駐。連接機場與倫敦市中心的或車站為Luton Airport Parkway，需從最近的Luton Airport 站搭乘接駁車過去。機場在倫敦收費區之外，故不能直接刷悠

斯坦斯特機場(Stansted Airport)

廉航Ryanair的大本營，有許多往返歐洲的航線，機場雖不算大，但在學校假日也十分的繁忙。機場不在倫敦收費區範圍內，但搭火車進出倫敦相當方便，只是不能刷倫敦交通卡。

紹森德機場(Southend Airport)

離倫敦市中心最遠的一座。easyJet在這裡也有一些飛歐洲的航線。

城市機場(London City Airport)

為在倫敦收費區的3區，離市中心搭乘大眾運輸只要半個小時以內。

往返市中心大眾交通方式

製表／英國人蔘

機場名稱	交通方式	路線	乘車時間	票價	備註
盧頓機場 LTN	火車 Thameslink	往來Luton Airport Parkway與市中心幾大火車站(London Bridge、Blackfriars、City Thameslink、Farringdon、St. Pancras International)	約30～40分鐘	單程£18.4、來回£32。機場到火車站的接駁車單程£4.9	■需先從機場搭接駁車(10分鐘)到Luton Airport Parkway Station ■不能刷悠遊卡，但Luton Airport Parkway到St Pancras International 可以使用感應式付款，單程尖峰扣款£15.9、離峰£11.7 ■接駁車也能使用感應式付款
	巴士 National Express	有兩條路線，一條前往維多利亞站，一條前往帕丁頓站	自機場到倫敦第一站約50分鐘	單程£8起	■3～15歲需購買兒童票 ■行李上限詳見P.43
	巴士 Greenline757	往返維多利亞巴士總站	約1小時20分	單程£13、來回£20	■可直接上車向司機買票，此路線可使用感應式信用卡付款 ■未滿5歲免費，學生優惠單程£10、來回£15 ■行李件數無特別限制、提供免費Wi-Fi

機場名稱	交通方式	路線	乘車時間	票價	備註
斯坦斯特機場 STN	火車 Stansted Express	往來利物浦街站(Liverpool Street Station)	約47分鐘(約每15分鐘一班車)	預售優惠票£9.9起、彈性單程票£23、來回£36.3	建議直接上Stansted Express官網訂票優惠最多： ■官網可訂購折扣的預售票，車票當日皆有效，不限班次 ■官網才有折扣預售來回票 ■官網提供雙人搭乘優惠
	巴士 National Express	有數條路線往返倫敦市中心，主要停靠站有：維多利亞站、斯特拉福站(Stratford Station)、利物浦街站(Liverpool Street Station)	依路線及目的地不同，約50～110分鐘	單程£11起	■3～15歲需購買兒童票 ■行李上限詳見P.43
	巴士 Airport Bus Express	開往利物浦街站以及斯特拉福站	來往斯特拉福站約50分鐘	單程£16 來回£23	■2～12歲需買兒童票 ■行李上限為1件手提行李、2件20公斤以下行李
紹森德機場 SEN	火車 Greater Anglia	往返利物浦街站	50多分鐘；每小時約3～4班車	不限時單程票£20.9、來回£42.2、離峰來回£32.4	距離機場航廈走路只要2分鐘
城市機場 LCY	道克蘭輕軌 DLR	城市機場位在輕軌沿線，可搭乘至銀行及紀念碑站(Bank Station)，再轉地鐵去各景點	至Bank站約22分鐘	■單程票£6.7 ■使用Oyster Card扣款：尖峰£3.7、離峰£3	■位在倫敦收費區Zone 3 ■機場進市中心尖峰時段：週一～五06:30～09:30 ■出市中心方向尖峰時段：週一～五06:30～09:30、16:00～19:00

＊以上資訊時有變動，出發前請再次確認。

機場交通Q&A

■**哪些機場可以使用悠遊卡？**

目前僅有希斯羅機場、蓋威克機場以及城市機場位在倫敦收費區，從這3座機場搭火車或地鐵往返市中心可使用悠遊卡。

■**若要短飛其他國家幾天，機場內有寄行李處嗎？**

除了紹森德及城市機場以外，其他機場都有行李寄物中心，但收費會比寄物網站貴（詳見P.100）。

■**班機抵達時間相當早／晚，還有大眾運輸往市中心嗎？**

若班機抵達時間交通不便，可選擇暫住機場旅館，費用比市中心便宜。

1. **搭火車**：除蓋威克機場凌晨仍有少數班次，其他機場的火車路線在深夜24:00～清晨05:00 沒有行駛。
2. **搭地鐵**：倫敦地鐵每條路線的營運時間不同。週一～四、週日凌晨01:00～05:00幾乎沒有班次運行，需搭乘夜間公車或計程車；週五、六部分地鐵線有夜間班次(包括Victoria、Jubilee、Central、Northern及Piccadilly線)，但因為不是全線通車，所以部分路線可能仍需要搭夜間公車或計程車。
3. **搭巴士**：National Express 原則上是24小時營運，但深夜時間會減班。

■**有哪些機場可以使用London 2 FOR 1的優惠？**

除了希斯羅機場的火車票不能使用之外，從其他機場前往倫敦市中心，搭火車皆適用London 2 FOR 1。

交通篇
Transportation

英國走透透，該用什麼交通工具？

英國幅員廣大，大眾運輸系統網絡算是滿健全的，想到英國各地走透透，有火車、長途巴士、飛機、出租汽車這些交通工具可選擇，非常彈性且多樣。掌握一些小祕訣，就能用比較便宜的交通費，行走英國，玩遍各地。

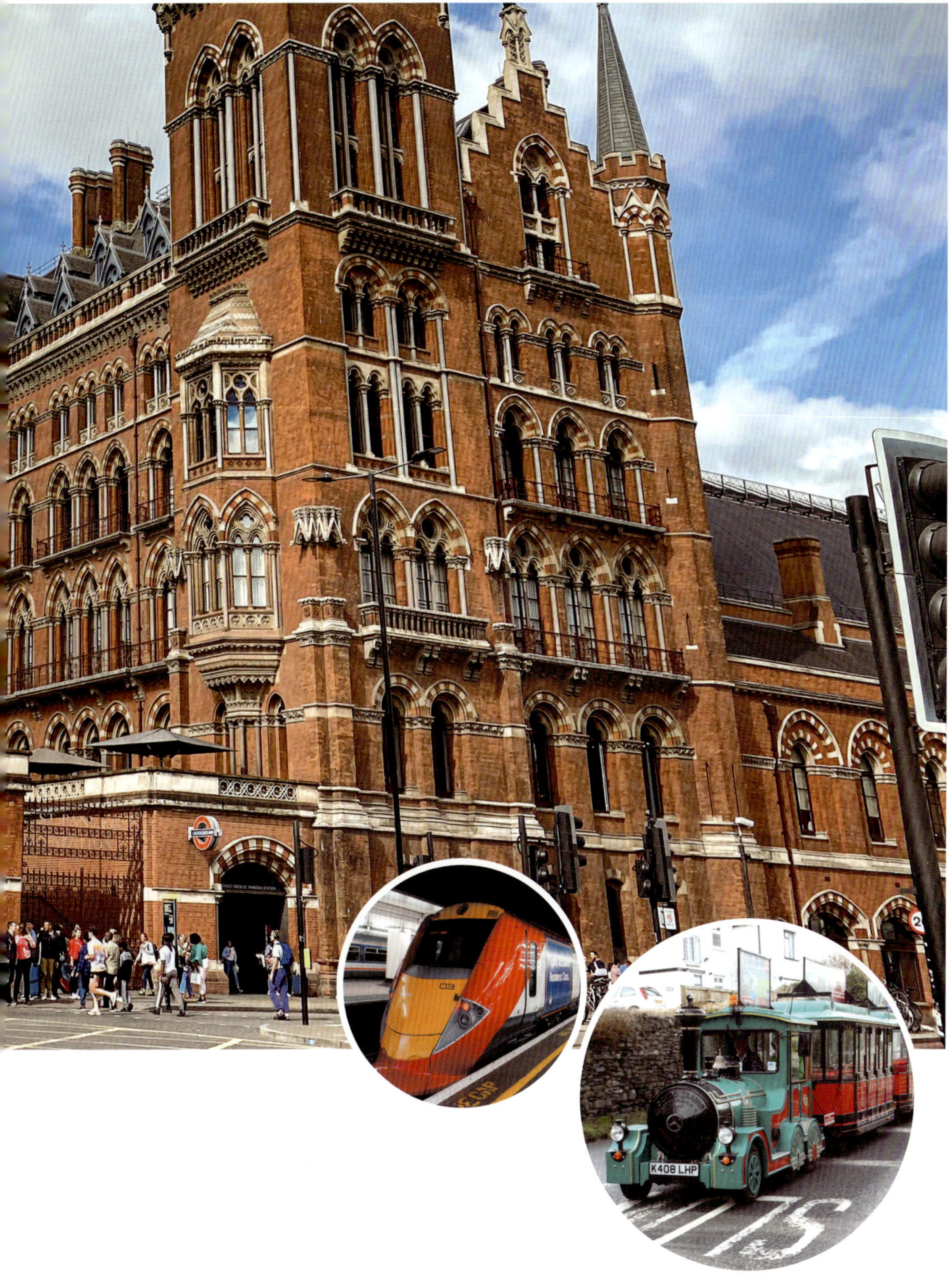
K408 LHP

搭火車

在英國，主要仰賴火車及客運連接各大城鎮。雖然火車班次多、可直達市鎮中心，不但快速又舒適，但是火車票的原價並不便宜，必須提早做好功課，事先安排，才能省下鉅額交通費。此外，長距離移動時可考慮搭乘飛機，除了節省時間外，有些廉價航空路線可能會比火車票更便宜。

購買火車票

英國的鐵路系統由多家鐵路公司組成，有各自的路線和價格，看似複雜，但還是有套大原則，例如票種一般分成原價票及預售優惠，預售票有折扣但限制較多，只能搭固定班次。

從網路或APP訂票最方便，可將電子票直接存在手機或是列印出來。國鐵官網上可以查詢所有的火車票，但選定好班次要結帳時，系統就會導到該火車路線的鐵路公司網頁，需要再次註冊或填資料，比較麻煩，例如Southern、GWR、Greater Anglia等等。

如果是購買英國城鎮間的一般火車票(非機場快線或夜鋪火車)，建議直接選定一家鐵路公司，查詢並購買所有需要的車票。從這些鐵路公司的網站買票，一般都不收取手續費。

也可以從第三方售票網站查票及購票。最耳熟能詳的便是Trainline，介面清楚好用，但缺點是可能會加收手續費。Trip.com及英國的Uber APP也能訂購英國火車票，且不加收手續費。

常用鐵路網站這裡查

英國國鐵官網(National Rail)
🔗 www.nationalrail.co.uk

鐵路公司網站
🔗 Great Western Railway(GWR)：www.gwr.com
🔗 Northern：www.northernrailway.co.uk
🔗 Scot Rail：www.scotrail.co.uk

第三方售票網站
🔗 The Trainline：www.thetrainline.com
🔗 Trip.com：uk.trip.com

＊以上資訊時有異動，出發前請再次確認。

Greater Anglia APP 訂票步驟 Step by Step

建議你選定並下載其中一個火車公司的APP，如GWR、LNER、Greater Anglia……等等，以方便查票及訂票。不習慣使用APP者，也可直接到火車公司的官網訂票。

Step 1 輸入搜尋條件

A. 在最上方輸入起點(From)、終點(To)。
請注意 倫敦有許多火車站，如果不知道從哪個車站發車，就直接選擇「London (Any)」。

B. 選擇票種：單程票選Single；來回票(確定回程日期)選Return；來回票(不確定回程日期，但確定在一個月內)，則選Open Return。

C. 選擇時間：在Outbound輸入出發時間，Return輸入回程時間。

D. 選擇人數及火車卡別：16歲以上須購買成人票，5～15歲為兒童票(半價)；如果有火車卡，請點選加入自己的卡別。

E. 全部填完後，按「Search live times and prices」。

Step 2 點選班次

選擇時，要記得注意看出發及抵達時間下方的發車車站資訊，若在前一步驟時，沒有指定是從倫敦的哪一個車站發車，系統就會列出所有車站的車次選項。若是來回票，需先選定去程班次，接著選回程班次。

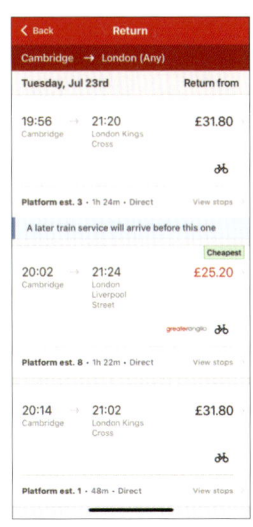

行車時間
票價
發車車站
轉車資訊(直達車會顯示Direct，轉車是Changes)
此列車部分車廂可置放腳踏車

Step 3 選擇票價

不同票價的車票，彈性與限制也不一樣，如欲查看車票限制，可點選「Valid stations and ticket restrictions」。點選後，如果還沒有登入帳號，系統會跳出通知要求註冊或登入。

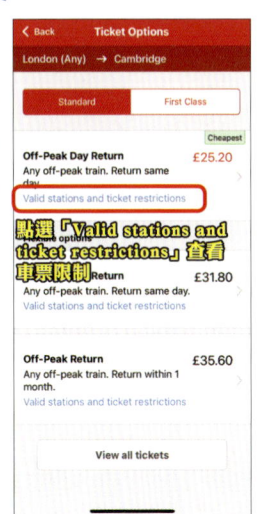

點選「Valid stations and ticket restrictions」查看車票限制

Step 4 確認票券、選擇座位

再次確認所選的時間、班次。有些路段提供訂位服務，這時可以選擇座位偏好(例如靠窗、靠近行李架等)。

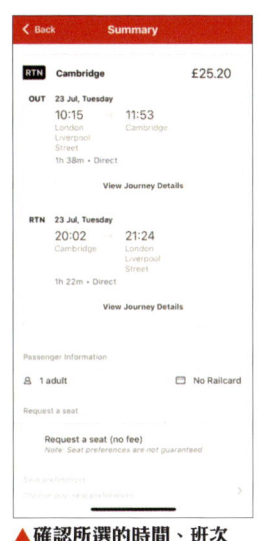

▲確認所選的時間、班次 　　▲選擇座位偏好

Step 5 選擇取票方式、付款

最後是取票選項，建議選擇電子票(E-ticket)，火車公司會寄車票到電子郵件，若透過APP購買也會有一份車票存在APP。

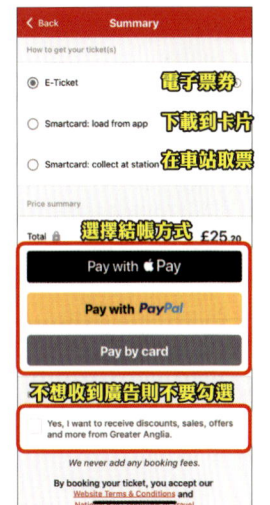

電子票券
下載到卡片
在車站取票
選擇結帳方式
不想收到廣告則不要勾選

Step 6 在自動售票機取票

如果最後是選擇要到車站取票,則要在發車之前抵達當初購票時指定的車站,就可以用自動售票機成功取票。在機台上選擇Ticket Collection並插入當初付款的信用卡,並輸入購票代號,機器判讀無誤後,會將車票列印出來。

大多數自動售票機都有設置連線系統,若因故無法準時前往指定車站,也可以找鄰近的車站先試試看,若真的都無法取票,再請站務員協助。

取票按這裡
買票按這裡
插入當初訂票用的信用卡

自動售票機購票步驟 Step by Step

Step 1 找到自動售票機

到任一個火車站,找到自動售票機。不同鐵路公司的機器可能外型不同,但都可買票或是列印、領取你在網路上買的火車票。

Step 2 選擇買票或取票

選擇買票(Buy)。若需取票,選Collect。

買票
取票

Step 3 選擇購票資訊

選擇買當天的車票或是3天內的車票,接著輸入起迄點,以及相關資訊。

當天票
隔天票

Step 4 刷卡付款

各主要信用卡機器都接受。

可使用信用卡

Step 5 列印車票

插入信用卡,待確認扣款後,機器就會列印出車票了。

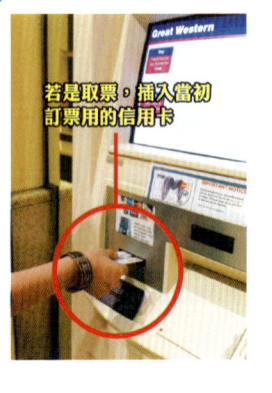

若是取票,插入當初訂票用的信用卡

人工售票處購票

在人工售票櫃檯購票相當方便,能買到當日或未來3個月內,各式票種以及各路段的車票。如對行程有疑慮,或是不知道怎麼買才划算,可以直接詢問售票服務員。

票種與規定

火車票種一般分成原價票及預售票(Advance)。原價票又分成離峰彈性票(Off-Peak)、超離峰彈性票(Super Off-Peak)和不限時彈性票(Anytime),雖然原價票的乘車彈性較高,但票價高昂。預售票有折扣優惠,價格較低廉,但需提早訂購,且限制較多。原價票除了每年度調漲以外,不論早買晚買,基本上價格都一樣。預售票只賣單程票(Single),其餘彈性票皆能選擇單程或來回(Return)。

預售票

如果想要省錢,可提早搶訂折扣多多的預售票。大多數在3個月內開賣,有時要等到時間更靠近一點才有,少數鐵路公司會在6個月內就開賣預售票。不過預售票限制比較嚴格,只能搭固定時間和固定班次,若是錯過就會變廢票,所以建議行程都先確定好之後,再下手訂票。有些路線並沒有預售票。

請注意 機場快線、夜鋪火車通常有特別的規定。

▲當日車票人工售票處

離峰票

若是希望行程多一點彈性,又不想太傷荷包,可考慮離峰彈性票,可自由選定離峰時間的班次搭乘。每家鐵路公司對於尖、離峰的定義可能有些不同,但是大原則相同:週一~五09:30以前為尖峰(也是多數上班族的通勤時間),而在倫敦,16:00~19:00也被視為尖峰時間,其餘時間,包括週六、日以及國定假日全日,都屬於離峰時段。

各火車票價與規定

票種	預售票(Advance)	離峰彈性票(Off-Peak、Super Off-Peak)	不限時彈性票(Anytime)
價格評比	■價格浮動,提早買較便宜 ■最便宜的價位賣完就會跳下一個價位 ■最便宜	■價格固定(原價票) ■次貴	■價格固定(原價票) ■最昂貴
乘車規定	■只能搭固定班次 ■錯過班次即作廢	■Super Off-Peak可選搭超離峰時段車次,Off-Peak可選搭離峰和超離峰時段車次 ■途中可能可以隨意上下車,或中斷行程,除非車票有特殊限制	■沒有時段限制 ■途中可隨意上下車或中斷行程
退票規定	■不能退票 ■發車之前都可以改票,手續費£10,並另補差額	■可以退票或更改,手續費最多£10	■可以退票或更改,手續費最多£10

＊以上資料時有異動,出發前請再次確認。

💗 貼心 小提醒

兒童免費搭乘英國國鐵

未滿5歲的孩童可以免費搭乘英國國鐵,5歲以上,未滿16歲可以買兒童票,約是成人的半價。

各種優惠折扣票

除了預售票比原價票便宜之外，還有很多方式都可以買到有優惠折扣的火車票，安排行程時仔細評估，可以讓行程享有更多便利與彈性自由。

彈性來回票

購買1張彈性來回票(Return)會比買2張彈性單程票(Single)划算！如果行程包含了去與回，直接購買來回票通常都會有折扣，例如牛津來回倫敦，離峰單程票£33.3，但離峰來回票只要£33.4。

離峰彈性團體票

英國大部分的鐵路公司都有參加國鐵局的GroupSave優惠，這是指3～9人同行，購買離峰彈性票，總價可減免1/3。訂票時不需特別輸入任何資料，只要符合GroupSave條件，系統就會自動跳出GroupSave價格。不過此優惠不能與其他折扣合併，只能擇一，例如火車卡。

火車優惠折扣卡

火車優惠折扣卡(Railcard)，簡稱火車卡，可讓火車票價省下1/3的價格(標準艙和頭等艙)，卡片年費£30，使用期限一年，適合行程有需要多次搭乘火車的旅客。

申請方式有數種，其中最快是到官網辦理。因傳統紙卡不寄送國外，所以建議申請電子卡，直接下載到官方APP就可以使用。也可在火車站的人工售票口申請辦理，現場申請紙卡時，需要備妥護照和大頭照。

火車卡種類很多，有幾款能共用的火車卡很划算，如家庭朋友火車卡、雙人火車卡等。網路訂票時，只要輸入火車卡別，就會自動跳出該有的折扣價。若不確定自己是不是需要這張卡，也可利用搜尋結果，計算總共可節省多少車資，若所有車票省不到£30，則不需要申請。

http www.railcard.co.uk

行家祕技：加購PLUSBUS更划算

購買國鐵火車票前往各觀光城鄉，有機會加購當地的PLUSBUS，可以當日不限次數搭乘與PLUSBUS配合的當地公車，會比直接在公車上買日票更划算！

火車優惠折扣卡一覽

製表／英國人蔘

票卡名稱	適用對象	申請資格	使用限制
雙人火車卡 (Two Together Railcard)	適合情侶或者朋友出遊	16歲以上，2個人就可以合辦一張火車折扣卡	■需同時購買2張車票，同日搭乘同一班火車 ■購票及搭乘時需出示卡片 ■不可出借或轉售他人
長者火車卡 (Senior Railcard)	適合長輩	60歲以上	■限本人使用，不可出借或轉售他人
家庭朋友火車卡 (Family & Friends Railcard)	適合有兒童(5～15歲)隨行的家庭	16歲以上之成人即可辦理，卡片上可填1～2位成人名字	■其中一位持卡人必須至少攜帶一名5～15歲兒童才能使用 ■此卡最多4名成人及4名兒童可同時使用 注意：不適用於頭等艙
青年火車卡 (16～25 Railcard)	單獨出遊	16～25歲青年，或25歲以上英國全職學生	■限本人使用
26～30 Railcard	單獨出遊	26～30歲	■限本人使用
區域性火車卡 (Network Railcard)	單獨或結伴使用皆可	16歲以上即可申請。持卡者可攜帶最多3位大人及4位小孩共享折扣	■僅限在倫敦及英國東南邊使用 注意：折扣不適用於預售票 (Advance)
16～17 Saver Railcard	單獨出遊	16～17歲(此卡有50%優惠)	■一年期限或已滿18歲即不可使用此卡

＊以上資訊時有變動，出發前請再次確認。

官網特殊優惠

每家鐵路公司經營的路線不一樣，所以各家官網推出的折扣也稍有不同，有時甚至會發現特殊優惠！例如，希斯羅機場快線的早鳥票只能從官網購得；蓋威克機場快線的9折優惠，也只能從它的官網購得。

行家祕技：先用優惠價購票，再申請火車卡

火車卡只需要在搭車之前準備好，搭火車時，會有站務員來查票，此時再一併出示火車卡即可。所以事前在網站上購票時，即使還沒有購買火車卡，仍可先勾選欲購買的火車卡，直接用折扣價購票。

請注意　若忘記帶火車卡上車，折扣將被視為無效，可能會被站務員要求現場重新購票。為了避免忘記帶，強烈建議下載 Railcard APP，直接存在手機裡。

▲Railcard APP

火車通行證

火車通行證(Rail Pass)是提供給非英國居民到英國各地旅遊時使用的火車票。在選定的天數內，可以不限次數搭乘該通行證涵蓋區域範圍內的所有火車。不但免去研究不同火車系統與票價的麻煩，且能自由規畫車次，並省去訂票、買票的時間。在火車通行證的官網上可以購買票券，台灣飛達旅行社及Klook也有販售。

然而，火車通行證要搭得多才划算，如果只打算搭幾趟火車前往近郊玩，購買早鳥預售票(P.55)才是最划算的。

使用規定

持傳統紙票者需到火車站櫃檯，出示護照，請站務員蓋上啟用章後才能使用。持電子票(M-Passes)者，只要依照購買說明，上網登錄即生效。必須於開立後11個月內啟用，逾期不但無法啟用也不能退款。

票價不含訂位、餐飲及睡臥鋪，且不適用於北愛爾蘭。基本上不需要事先訂位，但若是比較熱門的時段或路段，則建議先劃位會比較保險，只要英國國鐵的售票櫃檯即可免費劃位。搭乘臥鋪火車需事先訂位，並支付訂位費，例如Caledonian Sleeper、NightRiviera Sleeper。

- ■**青年票**：16歲以上至未滿26歲之青年。
- ■**成人票**：每位乘客可免費攜帶一位5～15歲旅客(符合規定之兒童仍需點選兒童免費票)。
- ■**3人以上同行(Saver Pass)**：3～9人使用同一張票另有優惠，但行程必須相同。

7種區域範圍

火車通行證按照不同區域範圍販售，共有7種區域範圍，並分成連續使用(Consecutive)與彈性使用(Flexipass)兩種。

- ■英國全區火車通行證(BritRail Pass)：英格蘭、蘇格蘭以及威爾斯。
- ■英格蘭火車通行證(BritRail England Pass)。
- ■英國東南區(倫敦近郊)火車通行證(BritRail London Plus Pass)
- ■西南區火車通行證(BritRail South West Pass)。
- ■蘇格蘭自由行火車通行證(BritRail Spirit of Scotland Pass)。
- ■蘇格蘭中心漫遊通行證(BritRail Central Scotland Pass)：愛丁堡(Edinburgh)以及格拉斯哥(Glasgow)區域。
- ■英國蘇格蘭高地火車通行證(BritRail Scottish Highlands Pass)：僅限特定高地路線。

通行證購票網站這裡查

BritRail Pass(官方網站)
www.britrail.com

飛達旅行社
www.gobytrain.com.tw

第Klook
www.klook.com

貼心 小提醒

BritRail 2 FOR 1優惠

購買英國全區火車通行證，還可以免費使用從倫敦市中心到機場的快捷列車，另外也享有BritRail的2 FOR 1優惠，全英有超過200個景點參與此優惠，詳情可查詢官網。

www.britrail.com/2for1

火車搭乘步驟 Step by Step

Step 1 找對月台

在大火車站最重要的就是要找對月台搭車，月台班次資訊一般會在發車15分鐘前公布。有些火車車身上的班次號碼並不明顯，進入月台前，記得再次確認上方的看板資訊，留意發車時間以及途經車站。

▲火車站看台會顯示到站車次(Arrivals)及發車車次(Departures)。前往搭車需要看的是發車車次，請注意看時間以及月台(Plat)

▲大火車站月台的即時班次資訊

Step 2 找對車廂

有些路線只有2～4節車廂，因此在候車月台的LED看板上會顯示Only2(4)Coaches。此時請盡量往前幾節車廂的月台位置候車。

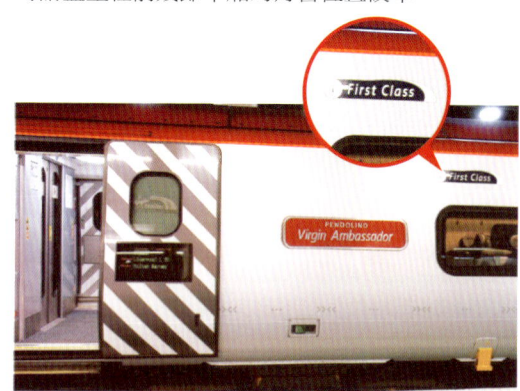

A.班次編號 / **B.**下一站 / **C.**終點站 / **D.**發車時間 / **E.**車廂編號

▲艙等：
First Class或簡稱1：頭等艙
Standard Class或簡稱2：標準艙／普通艙

Step 3 找到座位

部分火車是自由座，部分是對號座。若事先訂了位，請找到自己的位置坐下。若沒有預定位置，則找空位坐下。座位的上方會有電子顯示器或是小紙片的標示，顯示預訂席(Reserved)以及被預訂的路線。

有些座位只有被預訂整段路線的其中一小段，如果沒有訂位，而且火車還沒行駛到預訂席上所標示的預訂路線時，就可以先坐，等被預訂的路段到了，再換找其他未被預訂的位置。

辦理誤點補償

若遇火車遲到或是取消，可以申請火車誤點補償(Delay Repay／Compensation for Delays)，這是一項特別容易被忽略的乘客權利。每間鐵路公司的規定不同，大多數的規定是自家火車誤點15分鐘以上，即開放乘客申請賠償，少部分的誤點補償時間訂為30分鐘以上，還有一些則是要在60分鐘以上。

一般來說，申請賠償需在28天內辦理，到該鐵路公司官網填寫誤點補償表格，並附上車票的照片；或是直接到鐵路公司的售票櫃檯，詢問是否接受現場辦理。

火車搭乘須知

先買票才能上車

不一定每個火車站都有月台閘口，有許多火車站是可以直接走到月台上候車的，一般都是等到上車後，查票員才會在車上查票，若被查到無票搭車，罰金相當高，所以請謹記一定要先買票才能上車。使用火車卡(Railcard)購票者，查票時須一併出示火車卡。

車上不一定能補票

車上未必能補票，只有少數路段允許車上補票，且價格比原票價更貴。

貼心小提醒

火車站行李託管服務

火車站或長途巴士站很常見到有專人看管行李的寄放服務，通常會以存放件數或天數來計價，使用前，記得先問清楚計費方式，基本上會比一般的寄物網站(P.100)還貴一些。

http www.left-baggage.co.uk

看懂火車票

▲氣派的維多利亞火車站

從倫敦直達其他城市

倫敦的火車站非常多，大火車站皆有各自負責的路線與方向，若欲前往其他城市的著名景點，通常都可在大火車站搭到直達車；小火車站則多營運比較短途的替代路線。

下方列出其中8個較常使用的大車站，以及直達車有到的景點。

火車站名	前往地點(以直達車為主)
尤斯頓(Euston)	曼徹斯特(Manchester)、利物浦(Liverpool)、Oxenholme(湖區入口轉車站之一)
國王十字(King's Cross)	劍橋(Cambridge)、約克(York)、新堡(Newcastle)、愛丁堡(Edinburgh)
利物浦街(Liverpool Street)	諾威治(Norwich)、劍橋(Cambridge)
滑鐵盧(Waterloo)	溫莎(Windsor)、南安普頓(Southampton)
維多利亞(Victoria)	布萊頓(Brigton)、坎特伯里(Canterbury)
帕丁頓(Paddington)	牛津(Oxford)、巴斯(Bath Spa)、卡地夫(Cardiff)
查令十字(Charing Cross)	多佛(Dover，搭船前往法國港口)
聖潘克拉斯(St. Pancras)	巴黎(Paris，搭歐洲之星子彈列車直達)、布萊頓(Brigton)

貼心小提醒

用火車通行證搭夜鋪火車

如果想要用在台灣飛達旅行社購買的火車通行證，搭乘夜鋪火車，需事先訂位，並支付訂位費。可請旅行社專員代為訂位。火車通行證為頭等艙者，可以使用貴賓室。

從倫敦到蘇格蘭：夜鋪火車

從倫敦到蘇格蘭愛丁堡，搭普通火車約需4～5小時，若嫌浪費時間，也可改搭夜鋪火車(Caledonian Sleeper Train)，晚間從倫敦尤斯頓站出發，約7個多小時後抵達愛丁堡，抵達時剛好是早上。

前往愛丁堡的夜鋪火車房型分為一般艙(上下鋪)和頭等艙(一個人一室)，兩種艙等的房間大小相同，也都有附設個人的洗手台，差異在於頭等艙內有專用的用餐車廂，可在房內享用隔日提供的熱食早餐。如果預算有限，最便宜的夜鋪火車是買普通座位(非床位)。

行家祕技　搭頭等艙可享用貴賓室

有別於一般艙等，頭等艙火車票旅客可在搭車前使用車站附設專用的貴賓室，通常是比較大的車站才有。提供車票確認後即可進入，無需預約。餐點內容很簡單，如果打算要來吃飽可能會失望，有各式飲料(部分酒精飲料需另外付費)及餅乾小點心，並提供淋浴間，若搭乘夜鋪火車，可以先沖個澡。

▲購買頭等艙票還可以使用貴賓室，主幹線頭等艙還附有餐點或點心飲品

從倫敦到巴黎：歐洲之星

歐洲之星(Eurostar)往返倫敦和巴黎，從倫敦到巴黎約2小時16分鐘，很方便。票價根據出發時間，從£39起跳，最貴有超過£200的，越早訂位，越容易買到便宜票。購票可至歐洲之星官網預訂，取票方式很多，可自行列印、到車站取票、下載到Wallet APP，或用Eurostar APP。在官網點選「Find Lowest Fares」，每日最低價格便一目了然。

持標準艙票者，需提早至少90分鐘到通關處。

請注意 出了英國就代表離境，因此從巴黎搭車返回倫敦時，會先經過英國海關的問話程序，旅行計畫跟回程機票一定要帶在身上，可隨時提供海關檢閱。

http www.eurostar.com

▲哈利波特迷，別忘了到國王十字火車站朝聖

搭長途巴士

英國的長途巴士選擇已經越來越多了，除了最常見的National Express，還有平價的Megabus、Oxford Tube等。這些平價的長途巴士公司一般都會要求乘客預先訂購電子車票，並列印出來，不過一旦購票，通常就無法退票了。

National Express

National Express是英國最常見的長途巴士，服務的範圍包括英國各城鎮、郊區和歐洲其他國家，車上有廁所、Wi-Fi，若想去火車到不了的地方，就搭National Express解決你的交通難題吧！若從倫敦出發，可在市中心的維多利亞長途巴士總站(Victoria Coach Station)搭車。

http www.nationalexpress.com/en

票種與規定

長途巴士的標準票價大概只有同路線火車票價的一半，相對地，車程時間就比較久。National Express有3種票，分別為限制票(Restricted)、標準票(Standard)和彈性票(Fully Flexible)。部分路線提供折扣票，提早1個月前訂票比較容易有好價格。另外提供部分加購服務，例如保險服務、行李服務等。

National Express票種與票價

票種	限制票 (Restricted)	標準票 (Standard)	彈性票 (Fully Flexible)
價格	最便宜	價格居中	最貴
規定	不能退票、更改，或合併其他優惠	不能退票，但可加價£5改票	可以退票、更改
巴士卡折扣優惠	不能使用	可以使用	可以使用
攜帶行李	每人可免費攜帶一個小包及一件不超過20公斤的行李，如預計會超過，請自行加購		

優惠折扣票

■ 部分路線提供折扣票，提早1個月前訂票比較容易有好價格。
■ 加入官網會員，線上預訂車票可以減免訂票費(£1)。
■ 巴士卡(Coachcard)提供減免1/3的優惠。
■ ISIC國際學生證提供8折優惠。
■ 3人以上同行，購買倫敦主要4座機場間的轉乘，可享單趟優惠£20。

青年巴士卡這裡辦

青年巴士卡(Young Persons Coachcard)
適用對象：16～26歲或全職學生
優惠：票價減免1/3，或是當日(限週二～四使用)來回票£15
💲 1年卡£12.5、3年卡£30
ℹ️ 網路辦理，寄到台灣郵資£3，或到長途巴士車站售票處現場直接辦理
註：使用青年巴士卡，需一併出示年紀證明，如護照

▲青年巴士卡官網

＊另有長者巴士卡(Senior Coachcard)以及身心障礙者巴士卡(Disabled Coachcard)。
＊以上資訊時有異動，出發前請再次確認。

National Express訂票步驟 Step by Step

Step 1 註冊會員

進入首頁後，點選右上角「My Account」註冊，但不註冊也可以訂票。

註冊帳號或登入

新註冊請按此

電子郵件
密碼
確認密碼
名
姓

填寫完畢請按此

是否接收優惠資訊或消息

按此完成註冊

So Easy! Traveling in United Kingdom

Step 2 搜尋班次

回到首頁，勾選單程或往返，輸入搭車地點、下車地點、出發時間、回程時間、人數；如果持有青年巴士卡或各種折扣卡，請選「I have a Coachcard」。點選所持有卡種類後，按「Find your journey」尋找車次。如果不確定搭車地點在哪，可點選「view on map」確認地圖。

A.單程／B.來回／C.回程時間不定／D.出發地／E.目的地／F.出發時間／G.回程時間／H.人數

Step 3 選擇車次

出現車次時間跟價錢後，先選擇去程再選回程時間，挑選完「Continue」會變綠色底。確認好後按「Continue」繼續。請注意行車時間下方的轉車資訊，0 Changes表示此為直達車，1 Change表示需要轉車一次，按下旁邊的驚嘆號可查詢細節。

A.去程／B.出發時間／C.查看更早的班次／D.行車時間／E.抵達時間／F.最便宜價格／G.直達車／H.非直達，中途需轉車／I.回程

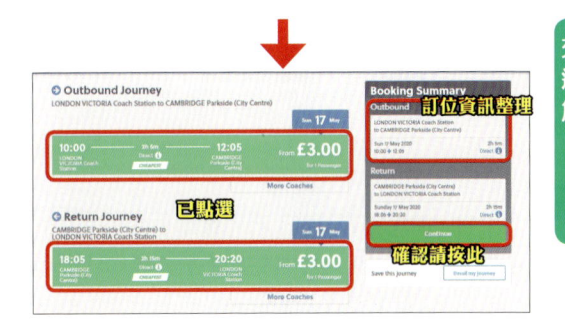

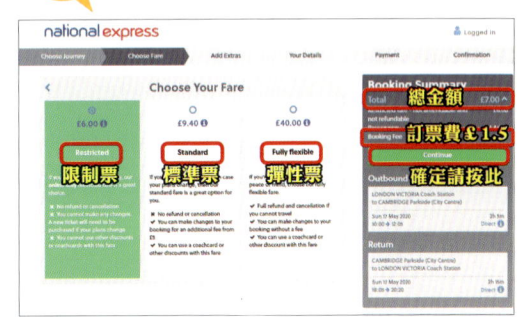

Step 4 選擇票種

限制票／標準票／彈性票／總金額／訂票費£1.5／確定請按此

Step 5 加購額外服務

點選完後，使用信用卡結帳，按「Continue」繼續。也有提供PayPal、Amazon Pay等結帳方式。

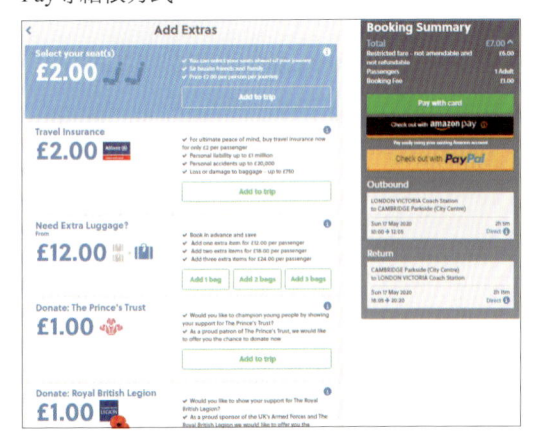

Step 6 輸入乘客資訊

前一步若沒有加購服務，會再跳出一次加購視窗，不需要就直接關掉即可。在個人資料填寫畫面最上方的欄位，可選擇取票方式，通常預設的選擇是e-Ticket，會免費寄到你的電子信箱，搭車時直接拿手機或印出來的紙本給司機看即可，這是最方便且省錢的方式。其他還有SMS Ticket、Post Ticket等，都需要付費。輸入乘客資訊後，勾選訂票總結欄位裡的同意規則條款，繼續結帳。

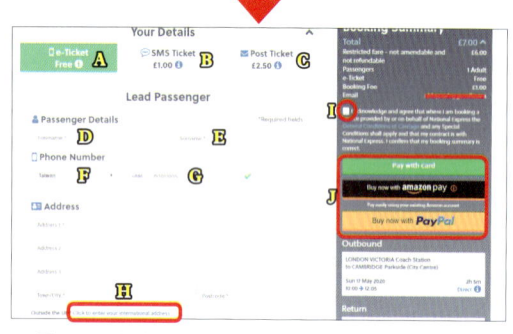

若不需要可關掉

A.電子票(建議選擇)／B.手機傳送／C.郵寄／D.名／E.姓／F.國家／G.電話號碼／H.非英國地址請按此／I.勾選／J.選擇付款方式

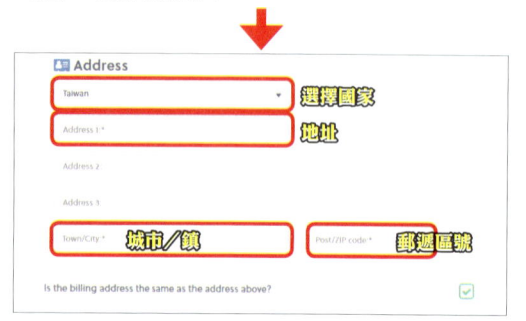

選擇國家
地址
城市／鎮
郵遞區號

Step 7 信用卡結帳

填入信用卡後，按Confirm and pay確認付款，若使用台灣信用卡，刷卡銀行會傳送認證碼以確認是本人刷卡。

總額
卡號
持卡人姓名
信用卡期限
信用卡背後安全碼
確認付款

行家祕技 National Express現場購票

在車站的人工售票處購票

巴士車站的人工售票處也可以買票，且有賣預售票，大多接受信用卡付款，但請注意，在車站買票會加收£2的手續費。現場有班次表(Departure Information)，也可直接告訴售票員，你想搭乘的路線、想何時出發，請售票員給予建議。

向巴士司機購票

若是在小鄉鎮搭車，或者搭車時間已超過售票處的營業時間，可以向巴士司機購票，不收手續費，車上接受刷卡或付現。付現須準備剛好的金額，因為司機不見得能找零。

請注意 如果車上沒有空位，司機就沒辦法賣票給你，所以事先訂票還是比較保險。

▲人工售票口

Megabus

Megabus經營的路線遍布全英國，多以大城市為主。須從官網訂票，單趟車票最低£1起，會依市場熱門度調整票價，通常越晚買，車票越貴，大約在半個月～1個月前訂票，比較容易撿到便宜，另外，持TOTUM Card可享9折優惠(詳見P.126)。

http uk.megabus.com

Oxford Tube

Oxford Tube主要路線為倫敦—牛津，白天幾乎每10～15分鐘就有一班車。單程票成人£14.5、16～26歲或學生£13.5、5～15歲£6；來回票(3個月內使用)成人£22、16～26歲或學生£20、5～15歲£10。

http www.oxfordtube.com

▲維多利亞巴士總站是倫敦長途客運的搭車點

長途巴士搭乘步驟 Step by Step

Step 1 確認發車資訊

車站牆上的班次表會列出發車資訊，最上方的電子看板則列出發車時間、班車編號、搭乘車門(Gate)、目的地。買車票前後，先看看自己要搭的那班車是在哪個乘車門發車。

▲注意螢幕上的發車資訊

Step 2 找乘車門候車

前往正確的乘車閘口(Gate)，閘口正上方的螢幕會顯示下一班車的資訊，包括班車編號、發車時間、抵達時間，也會列出沿途經過的站名。若有延遲發車(Delay)的狀況，也可以在螢幕上看到相關資訊。發車前10分鐘左右就可以開始登車，先準備好車票，方便上車時讓司機查票。

▲到閘口等車

搭飛機

若你要前往的城市距離較遠，例如：要從英國北部的愛丁堡，到南部的南安普敦，那麼，搭乘國內線班機是很方便的選擇。英國籍的英國航空公司(British Airways，BA)雖是國際化航空公司，但也提供國內線飛航服務(不過，起降仍是在國際航空站)；此外，英國境內也有很多廉價航空公司，選擇廉價航空公司的飛航服務，是目前全歐洲很熱門的交通方式。不過，既然是「廉價」航空，所以起降點可能較偏遠、服務也很精簡陽春，價錢也才壓得低。

早。有些航空公司的機票越接近出發日期越貴，有些則不定時會有大特價，由於整個票價機制是浮動的，由市場需求度決定價格高低，若看到可接受的價格，且確定行程不會更動時，最好快點買票。若是熱門旅遊時節，廉價航空的機票價格仍不見得會壓得多低。

廉價航空服務價格之所以能壓得很低，是因為盡可能從各方面節省成本，因此，搭乘這類航空公司的班機時，最好調整自己的心態，當作是搭客運，比較不會氣死自己。

搭乘英國航空

若要搭乘英國航空(BA)的國內線航段班機，可在台灣先以延伸點的方式購買機票，或是在當地上網購買電子機票，也可以找英國的旅行社代為購票。

英國當地最大的旅行社大概就是TUI，旅行社的官網可以訂機票、住宿、買套裝行程、訂遊輪等，如果喜歡專人服務，也可以到TUI的實體店。官網通常有提供中文頁面，如Ours Travel，或是可請台灣人經營的旅行社。

TUI：www.tui.co.uk
Ours Travel：www.ourstravel.com

搭乘廉價航空

若提早買票，單程機票大約£30～40就買得到，價錢相當有吸引力。大約在出發前2～3個月就得開始搜尋機票價格，有特殊節慶可能要更

電子機票這裡買

英航的官方網站
照著官網Step by Step的指示做，一點都不難！
www.britishairways.com

Expedia
網路旅行社。提供許多機票、機＋酒的行程。
www.expedia.co.uk

Skyscanner
全球機票搜尋引擎，包含廉價航空，會引導到航空公司或旅行社完成訂購。
www.skyscanner.net

▲廉價航空Ryanair

廉價航空限制多

- 必須自行在各航空公司網站上購買電子機票。
- 嚴格執行報到辦理截止時間，完全無法通融，務必提早到機場辦好手續，免得浪費了機票。
- 機上幾乎沒有免費的飲食，但是可以自己帶食物上飛機吃。
- 各航空公司規定的行李箱大小尺寸不同，一旦超重，收費可觀，託運行李需加價購買，比價時一起考慮進去。
- 機票一旦售出就不能退票，但可以換。航程、日期，甚至搭乘人都可以更改，但每一項更改都有手續費，且費用不低。
- 航班誤點機率比國際航空更高，但其賠償條款卻不太能保障乘客。例如：飛機延遲或取消，乘客也無法退票或轉到其他航空公司搭乘，只能聽從航空公司的安排；甚至，也沒有食宿的安排和補償，這一點跟昂貴型的國際航空公司很不同。
- 廉價航空的低價祕密之一就是提供的服務少，如要事先選位、優先登機等額外服務，統統都要加價購。

▲廉價航空的行李規定嚴格，可在機場測量一下是否有符合規定

廉價航空看這裡

常見的廉價航空公司

easyJet
http www.easyjet.com

Ryanair
http www.ryanair.com

Loganair
http www.loganair.co.uk

Jet2
http www.jet2.com

綜合票務搜尋網站

Cheap Flights
http www.cheapflights.com

英國主要機場

英國大大小小的機場非常多，有時候長程的國內路線，可以選搭飛機會更省時(但不見得會比較便宜，需要多比價)；而飛歐陸也有相當多廉航可供選擇，不一定都要在倫敦搭飛機，可搜尋離自己所在城市更近的機場，也許會有實惠的價格或更省時的航班路線。

英國前20座繁忙的機場	說明
倫敦希斯羅機場 London Heathrow Airport	大部分亞洲航線降落於希斯羅機場，位於倫敦收費區第6區。
倫敦蓋威克機場 London Gatwick Airport	有許多easyJet歐洲路線，也有直飛上海、杜拜等。
曼徹斯特機場 Manchester Airport	英格蘭中北部規模最大國際機場，有國泰、新加坡、阿聯酋、卡達等航空公司之航線，距離峰區、湖區等觀光勝地近。
倫敦斯坦斯特機場 London Stansted Airport	瑞安航空(Ryanair)大本營，飛歐洲其他國家經濟又方便。
倫敦盧頓機場 London Luton Airport	大部分為飛歐陸的廉價航空，主要包括easyJet、Ryanair、TUI Airways，及Wizz Air。
愛丁堡機場 Edinburgh Airport	蘇格蘭首都機場，如欲自倫敦前往蘇格蘭，搭飛機是最快速的交通工具。
伯明罕機場 Birmingham Airport	位於英國第二大城，除了頻繁的國內線，同時也是座國際機場，包含卡達航空、阿聯酋航空、荷蘭航空等。
格拉斯哥機場 Glasgow Airport	蘇格蘭第二重點機場，雖是國際機場，但也是國內線航線最多的一座。

布里斯托機場 Bristol Airport	主要航線多為廉價航空，如easyJet、Ryanair，及TUI Airways，國內及歐洲皆有航線，機場附近重點觀光城市為布里斯托及巴斯。	里茲布拉福機場 Leeds Bradford Airport	主要航空公司為Jet2及Ryanair，大多為歐洲航線，而往來倫敦的航線為英國航空，降落於希斯羅機場
貝爾法斯特國際機場 Belfast International Airport	為北愛爾蘭首都貝爾法斯特的國際機場，大部分為飛國內及歐陸的廉價航空。	阿伯丁機場 Aberdeen Airport	為蘇格蘭第三大機場，往返倫敦班次不少，降落於希斯羅、城市、蓋威克及盧頓機場。
紐卡斯爾機場 Newcastle Airport	主要以國內線及歐陸短線為主。	貝爾法斯特城市機場 Belfast City Airport	主要營運英國國內航線。
利物浦約翰藍儂機場 Liverpool John Lennon Airport	此機場主要為聯航短線，原名利物浦機場，因利物浦為披頭四的故鄉，2001年更名為利物浦約翰藍儂機場。	南安普頓機場 Southampton Airport	南安普頓位在英國南方，與特色觀光地懷特島(Isle of Wight)只隔一海峽，從港口搭渡輪最快僅需20多分鐘即可抵達懷特島。
東密德蘭機場 East Midlands Airport	位於英格蘭中部，靠近德比、諾丁漢等觀光地。	澤西島機場 Jersey Airport	澤西島地理位置靠近法國，但實為英國皇家屬地，是近年英國人喜歡的度假勝地之一。
倫敦城市機場 London City Airport	位在倫敦收費區3區，搭乘道克蘭輕軌(DLR)，30分鐘內就可抵達倫敦塔橋附近。	卡地夫機場 Cardiff Airport	卡地夫為威爾斯首府，主要航空公司包括TUI Airways。

租車自駕

英國是個走路靠左邊走的國家，因此駕駛座是在右側，與台灣的行車習慣相反。如果可以克服這點，前往英國鄉村這種交通比較不便的地方旅遊時，可以節省很多等車、轉車的時間，讓你的行程更自主、更深入。

想要逍遙自駕遊英國的人，事前一定要了解清楚英國的交通規則、駕駛習慣和文化等，避免拿到貴翻天的罰單，或是在路上與人起衝突，若是壞了旅遊的興致可就得不償失了。出國前須先到國內的監理所辦理國際駕照，台灣駕照也要帶在身邊。

租車公司

在機場或大型火車站等地，租車公司通常都會設立服務櫃檯。如果你有租車的打算，可在台灣先上英國當地租車公司的網站，查詢租車公司所在位置、車輛種類、費用預估，當然，你也可以直接在網路上預訂。如果你人已經到了英國，除了臨櫃租車，打電話訂車，也是個好方法。

租車須知

手排或自排

英國和歐洲，目前仍以手排車為主，手排車的租金相對便宜。若要租自排車最好事先預訂，或是到大一點的租車點(例如：機場)，選擇才較多。

配備

租賃汽車一般都會有基本配備，如需特別配備，例如兒童汽車座椅，可以在訂車時一併預約。

租車必備證件

租車時，除了要準備有效的護照和國際駕照，中文駕照也要帶著。雖然外國人看不懂中文，但中文駕照才是正本，國際駕照只是中文駕照的翻譯本。中文駕照才有法律效用，沒有它可是租不了車的。如果是英國住民或是學生，台灣駕照持有人於成為英國住民起的5年內皆可向英方申請換發英國駕照，可以直接使用英國駕照租車。

里程

這裡指的里程數，就是你租車後行駛的距離。如果你知道自己會開很遠，那當然要選擇不限里程數的計價方案。某些便宜的計價方案，可能會限制每天的里程數，如果行駛超過里程數限制，可是會加價不少。所以，關於里程的問題，在租車前要問清楚，或是在租車公司網站上看清楚相關資料。

▲開車時看到行人優先黃燈，需要停車禮讓

租車公司看這裡

這裡列出5家英國常見的租車公司網站和電話，若有租車的打算，不妨上網看看各家的資訊。

Avis
www.avis.co.uk
0808-284-0014

National
www.nationalcar.co.uk
0800-121-8203

Hertz
www.hertz.co.uk
0843-309-3109

EasyCar
www.easycar.com
0203-318-6960

Europcar
www.europcar.com
0871-384-1087

還車與保險

有些租車公司有特殊保險條款需仔細閱讀。另外，交車時請注意油箱內的汽油量，並且還車時要以等量油量歸還。

自駕須知

英國的駕駛座位於右側，如果是開自排車，大約一下子就可以適應，但手排車就要適應用左手打檔。英國的手排車還是偏多，不過租車費用也會比較便宜。行進方向則靠左行駛，轉彎最容易出錯，記得口訣「左轉順著彎，右轉到對面」，遇到圓環時則要順時針繞。

行路互相禮讓

英國是個禮多人不怪的國家，在駕駛習慣上也是如此，大部分當地人都會互相禮讓。若遇到不知道該誰的車先行，基本上兩位駕駛會對上眼，這時就看誰動作快先成功禮讓，而被禮讓的駕駛也會把手舉起來向另一駕駛致意表示感謝。另外，還有行人優先燈，任何車輛(包括腳踏車)都要減速停下，禮讓行人先行通過。有時候路上行人根本沒在看，或是直接假設車子會停下來，所以開車時一定要小心。

▲靠左行駛

天黑盡量走大路

不要期待晚上的路燈通明，若你路不熟、夜間視力不佳的話，天黑後請盡量走大路；雖然大路也不見得有路燈，但還是比小路好一點。尤其一些B字開頭的路都是鄉間小路，在路小又暗、限速60英里的情況下，駕駛難上加難。

圓環

英國圓環很多，規定也不少，關於英國圓環的詳細開法，建議在網路上先找教學影片熟悉一下，實際上路時比較不會慌張。
- 靠近大圓環前，會有指標提醒駕駛要走哪一道，地上也有標線提醒。
- 最普遍的兩車道與四口圓環，如果要左轉一定是走左道(外車道)，右轉則是走右道(內車道)，直行車一般兩道都可以走。
- 進入圓環前請往右看，如有車要過來，就不能進入圓環。
- 禮讓右側來車先行。

速限

英國時速標的是英里，1英里為1.6公里，速限規定有個大概的準則，可參考下表。高速公路路名的開頭會是M(Motorways)，例如M1。對外的快速道路則分為A、B字兩種開頭，A路比B路更重要，換句話說，B路相對較小條、路燈更少。

路線	一般速限規定
靠近學校或商圈	20
有路燈的住宅區	30
較大條的路	40
市區	30
快速道路(A)	30～70
鄉村路	50～60
單向為雙線道以上的高速公路(M)	70

＊單位：英里。
＊以上資料時有異動，出發前請再次確認。

小心誤觸法

在英國開車，若是違法，罰款金額很高，所以千萬不要冒險觸犯，把交通規則記清楚再上路。

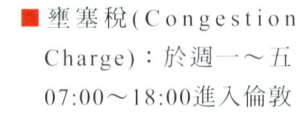

▲ 擁塞稅範圍請掃QRcode查詢

- 壅塞稅(Congestion Charge)：於週一～五07:00～18:00進入倫敦市中心就必須繳付，一天£15，週六、日免費。可事前或當日上網繳交，未繳納者罰款£180，若不幸吃上罰單，14天內繳納可減免為£90。
- 駕駛未繫安全帶罰款£500；禁止使用手機，否則罰款£1,000；超速行駛罰款£1,000(高速公路為£2,500)；闖紅燈罰款£1,000。
- 車上若有兒童同行，請確實遵守兒童使用安全座椅之規定，直至小孩滿12歲以上或身高超過135公分以上。

認識道路標誌

關於更多英國路標，可上英國政府網站查查。
pse.is/6d7sef

國家速限(National Speed Limit)

一定要認識它，只要看到就要遵守以下準則：在雙向單線處速限是60英里，在雙向雙線道以上則是限速70英里。

速限

其他時速(如5、10、20、30、40、50英里)都會直接標上數字，非常清楚，不容易出錯。

單行道

英國有不少單行道，請注意長方形藍底、白色箭頭的標誌。

讓道／停車

當讓道或停車標誌出現時，旨在提醒前方注意安全，一般會出現在小路切進大路之前。

▲停止　▲讓道

自助加油、充電

英國的加油站基本上都是採自助式，主要有兩種付費方式，機器付款或是商店付款。加油機器上如果附有刷卡機則是機器付款，需要先過卡才能加油；如果是和商店連通的加油站，需要在加完油之後，進入該商店，告知收銀員使用的加油機器號碼，進行繳費。

如果租的是電車，基本上在各大超市都有充電座，或可上網查詢最近的充電站。

查詢最近充電站：www.carwow.co.uk/electric-cars/charging-points、www.zap-map.com

停車須知

路邊停車格

不是每個路邊停車格都能停，請仔細找立在附近的指標，一般有這幾種：(1)公有付費停車格(Pay and Display)。(2)限定時間停車位，如限停兩小時會寫2 hours only。(3)須持有停車證才能停車(Permit Holders Only)。路邊雙黃線是禁停的。

路邊公有停車格會標示「Pay & Display」，停好車之後先去找繳費機，決定要停多久後付費(舊型的機器只接受零錢，較新型的機器則可接受刷卡)，會印出一張停車票，記得把票放到車子的前擋玻璃清楚可見的地方，以免被罰鍰。

收費停車場

停車場是最不容易出錯的選項，只要沒有標示「私人使用(Private)」就可停，記得注意付費規定即可。

▲限定時間的停車位，上面寫特定時間內只可以臨停30分鐘

行家祕技　Just Park快速找到停車位

Just Park 是一個共享停車位的媒合平台，車位的所有人可以在這個平台上按日、週、月出租自己的車位，並設定價格，租給任何需要停車位的人。下載APP可查詢車站或是名景勝地附近的車位，並在APP裡直接預訂。

Just Park 通常會比路邊的停車場收費便宜很多，而且不但可事先預訂，確保你到目的地時一定有停車位可以停，還可直接線上付款，不再需要帶一堆硬幣在身上。

Step 1 搜尋停車位。輸入日期、時間、距離、價格和停車空間類型等條件。

Step 2 挑選並確認。若有任何問題，都可以留言詢問車位的所有人。

Step 3 預訂並線上付款，可使用信用卡或PayPal支付。

Step 4 付款完成後，直接開往你預訂的停車位停車即可。

倫敦交通篇
Transport for London

在倫敦，如何搭車？

遊逛倫敦，有多種交通方式任你選擇，當然，其中最方便的仍屬地鐵和公車。弄清楚你要去的地方，買到便宜、適合你行程規畫的票卡，就能在倫敦穿梭來去！

68 KING WILLIAM STREET
68
This
Way out
Liverpool Street
Stansted
Petticoat Lane

COME AND MEET THOSE DANCING FEET
42
15
TOWER HILL

倫敦交通須知

倫敦有多種大眾交通工具，每一種的標誌都不同，包括地鐵(Tube／Underground)、公車(Bus)、道克蘭輕軌(Docklands Light Railway，簡稱DLR)、電車(Tramlink)、地上鐵(Overground)、纜車(Cable Car)、渡輪(Ferry)、倫敦地鐵局火車(TfL Rail)，以及國鐵(National Rail)。最方便的是地鐵和公車。

其實英國大部分城市的市內交通工具都是以公車為主，只有4個城市有地鐵系統，分別為倫敦、格拉斯哥、紐卡斯爾和利物浦，其中，倫敦地鐵(London Underground)是世界上最早開通使用的地鐵系統。

▲地鐵

▲市區巴士

▲道克蘭輕軌

▲地上鐵

▲火車鐵路

▲腳踏車租借

大眾運輸地鐵圖

倫敦因為開發得很早，當時的都市規畫沒有把道路設計成棋盤狀，所以街道路線錯綜複雜，千萬別以為相鄰的兩條路一定是平行的，這樣可是很容易迷路的。在倫敦觀光，準備一張詳細的地圖是絕對必要的，許多地鐵月台或旅客服務中心都有提供地圖，上面有標出大的景點，很實用。除了地鐵圖，第二好用的是主要公車景點圖(P.84)，都有PDF可存到手機。

地鐵圖上可見到由內向外標示數字1～9的色塊，代表倫敦的收費分區，通常倫敦市中心是指地圖正中央標示著「1」的白色區域，這區不但是商業重鎮，也是大多數熱門景點的所在位置。

某些站點有多個白色圓圈，表示在同一個站內有許多路線交會。若同一站點上有多個並排的白色圓圈，即表示有多種交通工具停靠於同一站，但月台並不相同，必須走一小段路才能到達欲前往的月台。

▲倫敦地鐵圖

Citymapper

　　Citymapper是大家公認旅遊英國時，十分好用的自助旅行APP，若位於倫敦，它的規畫包含火車、地鐵、巴士、渡輪、電車、自行車和計程車等多種交通系統，綜合去安排，給出最佳建議，而且介面簡潔清楚，非常好上手。

　　Citymapper除了可在倫敦使用以外，也適用於伯明罕、曼徹斯特等城市，還有幾個其他國家的主要城市，例如巴黎、柏林、阿姆斯特丹、紐約和舊金山等。

好處1：資訊即時更新

　　Citymapper會隨著實際情況不斷更新資訊，例如公車抵達的時間、火車指定的月台等。上車後，列車進行途中APP也會同步行進，在你該下車的時候通知指示你。

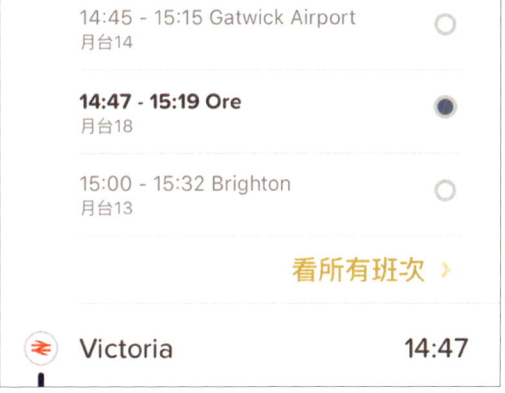

好處2：清楚的搭乘資訊

　　提供清楚詳細的搭車資訊，例如搭公車，會列出搭乘的是幾號公車、分別在哪一個站牌上下車，以及需等候的時間。倫敦的公車站牌上都有編制專屬的字母，按照APP的指示就不用擔心搭錯方向。

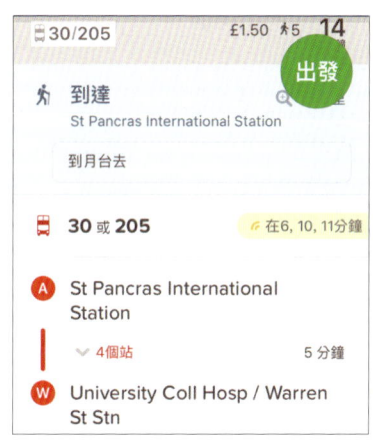

▲可搭乘30或205號公車，在A站牌搭車，W站牌下車。在6、10、11分鐘後有車即將進站。

好處3：可以離線使用

　　即使沒有Wi-Fi也不用擔心。事先選擇你要的交通路線後，按右上角的星星存取，即可在沒有網路的情況下離線使用。

Citymapper 使用步驟 Step by Step

Step 1 選擇所在城市
下載後，選擇你旅遊的城市。通常會自動偵測所在地。

Step 2 規畫路線
點選「我們去哪裡？」即可開始規畫路線。在下方的「帶我回家」那一欄按「設定」，存入住宿飯店的地址位置，回程時便可快速找到適用的交通路線。

Step 3 輸入地點名稱跟郵遞區號
在「你想到哪裡去？」輸入地點名稱(如大笨鐘)或郵遞區號。

Step 4 篩選交通路線
除了規畫搭乘大眾交通工具的方式，也有走路、騎腳踏車、搭計程車。

Step 5 指定時間點
按下前一畫面右上角的「現在」，即可選擇想要出發／到達的日期及時間。點選「到達」。在下方選擇想要抵達的日期及時間。

Step ⑥ 顯示各種交通方式

在搭乘路線下方，會顯示你必須要幾點前出發，才能在預計的時間抵達。

付款方式

搭乘倫敦大眾運輸，不論地鐵、公車、電車、地上鐵、道克蘭輕軌，甚至纜車、渡輪、倫敦地鐵局火車，以及大部分倫敦收費區內的國鐵，都可以使用悠遊卡或感應式付款，不但最方便，而且享有更好的優惠價格。

感應式付款

感應式付款(Contactless) 是這幾年最普遍被使用的付費方式，包括印有水波紋圖像的信用卡及電子錢包，如Apple Pay、Google Pay、Samsung Pay等。但是英國以外國家發行的信用卡不是全部可使用，總體來說，美國運通、萬事達卡接受度高，部分Visa會被拒收，保險起見，可多帶幾張卡試試看。另外，國內發行的信用卡，在英國消費有可能被收取交易手續費，記得確認清楚。

感應式付款省時又省事，不用排隊加值或辦理退卡，只要在感應器上「嗶」一下就行。公車和電車只須感應一次，其他如地鐵、地上鐵、道克蘭輕軌、火車、纜車、交通船等，進出站都各要感應一次。而且，只要使用同一張信用卡付款，就能享受與悠遊卡一樣的扣款上限優惠，系統會自動計算，包含當日及當週扣款上限優惠(從週一～日上限等同於7日旅遊卡的價格)。

悠遊卡

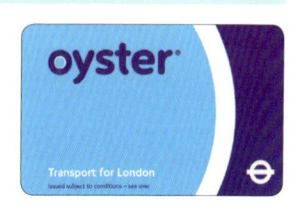

用悠遊卡(Oyster Card，又稱牡蠣卡)搭乘大眾交通工具，可享有車票折扣。而且悠遊卡具有倫敦代表性，有其紀念價值，還可以只儲值想使用的金額，預算控制不超支。新版的悠遊卡背面左下角多了一個「D」字樣，代表此卡可連結官方APP使用。

地鐵站的自動售票機器功能多元，可以購買／加值悠遊卡、買旅遊卡及單程票、查看餘額，以及退卡等。新辦悠遊卡的費用為£7，並須先加值一小筆金額(若從機器辦理，最低加值為£5)，或是存入旅遊卡。如果不再使用卡片，且卡片的餘額為£10以下，可以在自動售票機退款，超過£10需打電話到客服退款。

悠遊卡購卡步驟 Step by Step

Step 1 找到機器
買新卡請到標示有「Buy and Top-up」或「Buy your card here」的自動售票機，按下螢幕上的「Get New Card」。

Step 2 選擇張數

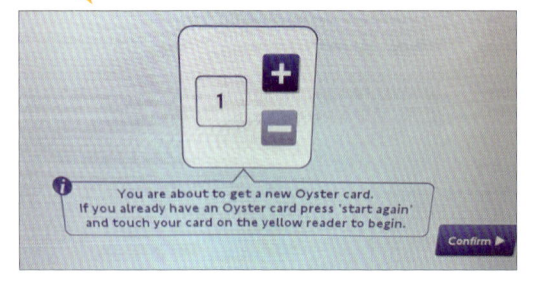

Step 3 選擇加值金額或旅遊卡

Step 4 付款取卡

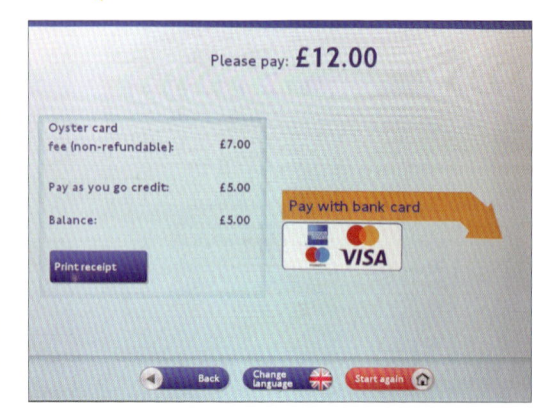

悠遊卡加值步驟 Step by Step

Step 1 使用車站內的自動售票機／加值機，將卡片輕觸黃色感應器。
Step 2 選擇加值金額。
付款。
Step 3 再次將卡片輕觸黃色感應器。

悠遊卡退卡步驟 Step by Step

Step 1 找到標示有「Oyster Refund」的自動售票機。
Step 2 用卡片輕觸黃色感應器。
Step 3 螢幕會顯示餘額以及其他功能，點選右下角的「Pay as you go refund」。
Step 4 螢幕會顯示可退款總額，按下確認鍵。
Step 5 將卡片再度輕觸黃色感應器。
Step 6 取回退款。

遊客悠遊卡

遊客悠遊卡(Visitor Oyster Card) 也是倫敦地鐵局悠遊卡的一種，顧名思義是專門設計給「遊客」使用的。扣款、加值及退款方式都與一般悠遊卡無異，差別有：(1)外觀顏色較繽紛。(2)辦卡費用£5。(3)不能加值旅遊卡。(4)會搭配特殊優惠，如部分船票10%優惠。倫敦內沒有販售，主要取得通道是透過線上購買。如點選寄送到台灣，需另付國際郵資£7.5。

visitorshop.tfl.gov.uk/en/london-visitor-oyster-card

▶掃描QR code進入網頁，點選Buy a Visitor Oyster Card

1日旅遊卡

短暫停留者可以考慮購買1日旅遊卡(1 Day Travelcards)，一樣可搭乘倫敦大眾運輸，在地鐵站或國鐵局可買到紙式票券。除了依照區域有不同的價格，還有尖峰時段(Peak)與非尖峰時段(Off Peak)兩種票價，週一～五09:30以前可搭乘的票，都算是尖峰時段票，價格較貴。不論尖峰或非尖峰，都可用到隔天凌晨04:30。因悠遊卡有扣款上限，相較之下，買日票較不划算，例如1～6區日卡售價£15.9起，但刷悠遊卡在1～6區最多只會被扣款£15.6。

7日旅遊卡

在自動售票機購買7日以上期限的旅遊卡(7 Days Travelcards)，都會直接存在悠遊卡中。在購買之期限及範圍內，可無限次數搭乘倫敦大眾運輸，不論尖峰或離峰時段都可以搭車，時間上更加彈性。

若搭乘超出旅遊卡的範圍，例如使用Zone 1～2旅遊卡搭到Zone 6，超出的費用(Zone 3～Zone 6)會直接從悠遊卡的餘額扣除，因此要記得注意是否有足夠的餘額。因為公車不分區，所以即使只買Zone 1～2的旅遊卡，也可以在Zone 3搭公車。

交通優惠機制

扣款上限優惠

搭乘倫敦大眾交通工具，只要是用悠遊卡或感應式付款，都可享有扣款上限優惠。倫敦每個區域都有每日交通費上限(Daily Price Capping)，在固定區域內搭乘交通工具的收費總和，不會超過該區的每日交通費上限，而且這個費用會低於「1日旅遊卡」的費用。

此外，每週也有扣款上限，亦即從週一～日最多只會扣到等同於7日旅遊卡的價格，不會超過。但須注意，如果旅遊期間為週四～隔週三，那可能還是加值7日旅遊卡更划算。

使用悠遊卡如果1天內只有搭公車或電車，還有扣款上限£5.25的優惠。

公車及電車轉乘免費

搭乘倫敦公車及電車，只要在公車(或電車)第一次上車後，在1小時內再轉搭公車或電車，不論轉搭幾次，都只算一次公車(或電車)票價。

地鐵

倫敦地鐵四通八達，地鐵站眾多，故採分區收費。使用感應式付款和悠遊卡扣款最便利(P.77)，如果是購買單程票或旅遊卡的旅客，則必須知道自己預計搭乘的路線區域。紙式單程票的價格最不划算，如果只在市中心移動，不建議購買。

貼心小提醒

電梯、手扶梯並非倫敦地鐵裡的標準配備，若你攜帶大件行李、又要轉車，可是很辛苦呢！建議可先利用地鐵官網裏「Plan a Journey」功能，找尋無障礙的轉車方式。

倫敦地鐵分區(Zone1～9+)

倫敦的地鐵車票以通過第1區(地鐵圖最內圈為1區)和通過越多區域的價錢越高。最重要的觀光景點都集中在1區，住宿訂在1區，觀光最方便。

希斯羅機場位於第6區、格林威治位於第2～3區，若要前往這些地方，則要買涵蓋到該區域的車票。

同一段路線的地鐵票價，會依尖峰與離峰時段而不同。地鐵局的尖峰時段(Peak Time)是指週一～五早上06:30～09:30，及下午16:00～19:00，其餘時間，包含週末和國定假日全天都是離峰時段(Off Peak Time)。另外，若在週一～五16:00～19:00從1區外搭車進入1區，也算離峰費用。

▲倫敦地鐵站入口

地鐵紙式單程票購票步驟 Step by Step

如果臨時需要購買紙式單程票，可到車站的自動售票機購買，但須注意，部分機器不接受紙鈔，只收信用卡及零錢，且分為找零與不找零兩種(找零的會顯示Change Given，不找零顯示No Change Given)。

Step 1 選擇語言

機器設置多國語言，有簡體中文。

So Easy! Traveling in United Kingdom

倫敦交通篇

Step 2 選擇車票

購買單程票請選「By Destination」，並輸入欲前往的站名。

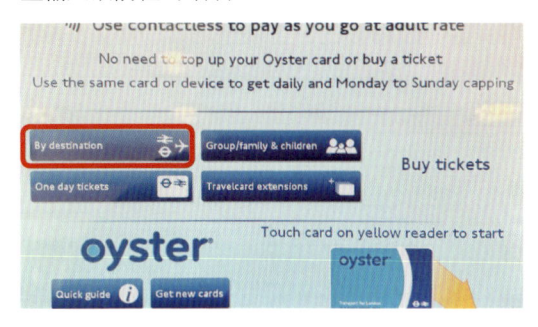

Step 3 選擇票種與數量

點選要購買單程(Single)或是來回(Return today)。並在下一個頁面選擇張數後，按確認。

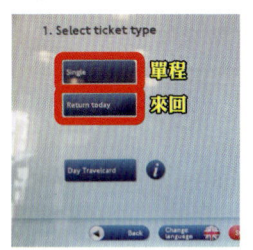

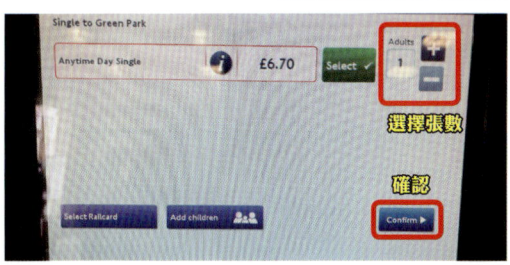

Step 4 付款

有3種付款方式，選擇適用的即可。投幣只接受10便士(10P)以上面額的硬幣；放入鈔票時須將女王像朝上並朝外側放，機器才能判讀。

Step 5 取票找零

付款完成後，就可以從下方洞口取票並找零。

各種票卡地鐵費用比較表

收費區段	紙式單程票	悠遊卡 單程尖峰時間 (Peak Time)	悠遊卡 單程離峰時間 (Off Peak)	悠遊卡 每日收費上限 (Daily Cap)	旅遊卡 一日票全日(Day Anytime)	旅遊卡 一日票離峰時間(Day Off-Peak)	週票(7 Day)
Zone1 only	£6.70	£2.80	£2.70	£8.50	£15.90	£15.90	£42.70
Zone1～2	£6.70	£3.40	£2.80	£8.50	£15.90	£15.90	£42.70
Zone1～3	£6.70	£3.70	£3.00	£10.00	£15.90	£15.90	£50.20
Zone1～4	£6.70	£4.40	£3.20	£12.30	£15.90	£15.90	£61.40
Zone1～5	£6.70	£5.10	£3.50	£14.60	£22.60	£15.90	£73.00
Zone1～6	£6.70	£5.60	£5.60	£15.60	£22.60	£15.90	£78.00

＊通常於年初調整價格。資訊時有異動，出發前請再次確認。
＊週票價格等同於悠遊卡的每週扣款上限。

搭地鐵步驟 Step by Step

Step 1　先查看地鐵路況

閘口處常有一個立牌或電子看板，隨時顯示當前各地鐵路線行進狀況是否正常。

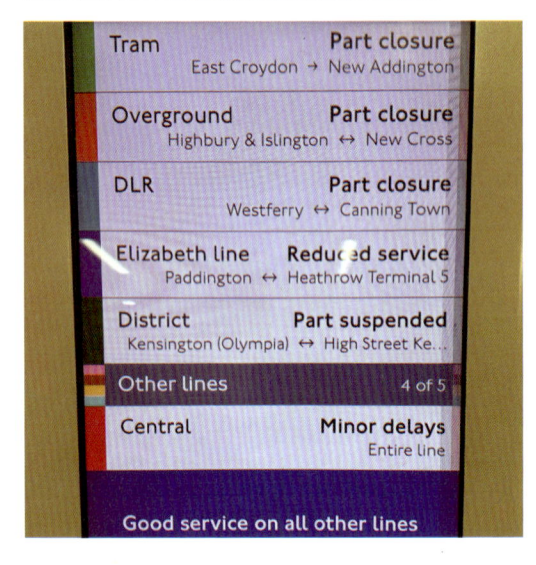

Step 2　刷票卡或感應過閘門

進閘口時，持悠遊卡、信用卡或電子錢包只要感應一下圓形處即可；持有紙式票券要注意該閘口是否接受紙票(閘口的小螢幕標示CARDS/TICKETS就是也可以使用紙票；顯示CARD ONLY就不能用紙票)，入站將紙票放進票孔，車票會從機器上方跑出，取回票的同時閘口便會打開；如果是單程紙票，出站時該票可能會被機器回收。

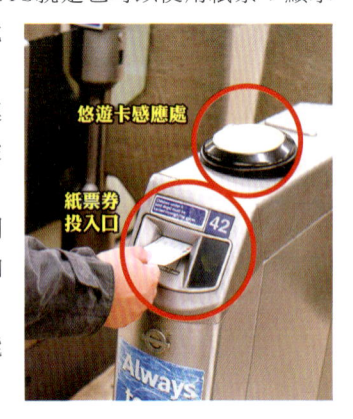

Step 3　認清搭乘路線

進入搭車月台前，會有指標標示該月台停靠地鐵的行駛路線，路線圖最上方有個「反白」的標示，代表你目前所在的位置，其餘的就是該路線沿路會經過哪些站。如果該路線有不同的終點站，記得確認你的目的地是在哪條支線上，終點站又是哪一個。

Step 4　順著指標走

若你搭車的地鐵站有數條路線交會，那麼月台裡可能會有各式各樣的指標，使人看得霧煞煞。請把握一個原則，記住自己要搭的路線是什麼顏色的，順著指標走，就比較不會迷路。

Step 5　在月台候車

月台上的電子顯示器會顯示即將進站的車班資訊，如：目的地、還需多久會進站。等車時，請站在黃線後面，倫敦的地鐵月台和列車之間的溝距不一，上下車時需注意安全。

Step 6 搭上地鐵

車廂內會有該路線地圖及轉車資訊。注意，每個地鐵車廂之間，可不一定相通！

▲地鐵內車廂

Step 7 到站下車

下車後，擔心在複雜的地鐵站裡迷路嗎？別擔心，只要跟著「WAY OUT」的指標走，就會到出口。把車票準備好，出站時要刷卡。

Step 8 出地鐵站

閘門出口附近，會有一張附近地區的地圖，可供你參考到達地鐵站地面出口之後該往哪裡走。

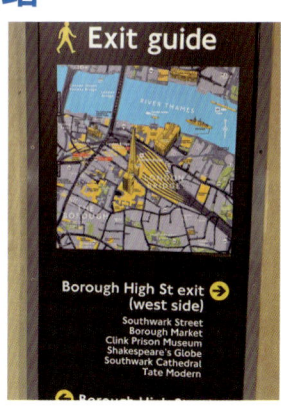

貼心小提醒

小心月台間隙

搭乘地鐵時，閘門打開前都會聽到這句廣播：「Mind the gap!」，意思是「請小心月台間隙」。部分列車與月台間隙大，務必小心！

務必記得，進出都要刷卡

使用悠遊卡或感應式付款方式進出地鐵站、火車站，切記一定要「刷入＋刷出」，系統才能正確計價，否則會被收取最高費用。**請注意** 即使有些閘口沒有關閉，或有些站沒有設閘口，也一定要找到刷卡的圓形感應器才行。

車站不一定有無障礙設備

倫敦地鐵相當有歷史，因此並不是每個車站有無障礙設備。不管是攜帶大型李、或是堆嬰兒車、或使用輪椅的遊客，一定要事先查看倫敦地鐵局的無障礙地鐵站，基本上在地圖被反白的車站，都需要有遇到樓梯的心理準備。

reurl.cc/ZV0EQA

▲這個月台沒有設閘口，但一旁還是有感應器

公車

倫敦的紅色雙層巴士(Double-decker buses)是倫敦的代表象徵之一,公車為倫敦較平價的大眾運輸,推薦坐上層飽覽倫敦風光。倫敦市區的交通繁忙,街道也不大條,非常考驗司機的技術與耐心呢。

公車票卡

2014年起,在倫敦已無法向公車司機購票,必須事先準備好交通票卡才能上車。若用悠遊卡或感應式付款,只要上車時感應一次黃色感應器,下車不需再感應。若為紙卡,如旅遊卡、公車票券(Bus Pass),上車時出示給司機查看即可。如果已把旅遊卡或公車票券加值在悠遊卡中,則一樣用感應的就好。也有販售紙式日票£5.90、紙式週票£24.70。

倫敦以外的其他城鎮可直接用現金向司機買票,反而較少有接受感應式付款,僅部分城鎮的公車有加裝感應式讀卡機。

行家祕技 倫敦重點公車路線圖

可參考倫敦重點公車路線圖,清楚列出了數條觀光客常用的路線,並將沿途的地鐵站和景點都一併標示出來,方便旅人安排行程。

▲重點公車路線圖

票價

公車不分區段、時間和距離,全部均一價,所以不論是悠遊卡、旅遊卡、紙卡或是感應式付款,1次就是£1.75。而使用悠遊卡如果1天內只有搭公車或電車,還有扣款上限£5.25的優惠。

無限轉乘優惠

倫敦推行無限轉乘優惠(Hopper fare),只要在1小時內由公車轉電車,或由電車轉公車都只算一次票價。但如果卡片只剩0元或是負數,則需要先加值才可享有免費轉乘優惠。

搭公車步驟 Step by Step

Step 1 找公車站牌

公車站牌頂端會是公車的標誌,只要看到一個圓圈,中間有條橫槓,那就是了。另外,公車車身的正前方也會寫上路線編號、行經的大站、終點站名。

Step 2 看公車路線圖

公車站牌下方都會有路線圖，附近也會有站牌圖。**請注意** 站牌上不會把該路線所有行經的站名都寫出來，通常只標出相鄰近的大站；也就是說，若路線圖上標出有3個站，並不代表只搭3站就會到達，中間可能還有一些小站，只是沒標示出來。可先把實際的前後站名稱及順序都記一下，也可請教司機或其他乘客，該在哪裡下車。

有些候車亭裡有電子顯示器，看得到下班車的編號、行駛方向和預估進站時間，但這僅供參考，不一定準確。

A. 進站順序／**B.** 公車路線／**C.** 目的地或方向／**D.** 等待時間(註：Due表示時間已到)

公車站牌解析

A. 公車行進方向或終點站／**B.** 所有停靠此站的公車路線／**C.** 數字前方若有「N」，代表該路線只在晚間行駛／**D.** 「24 hour」表示該路線是24小時營運

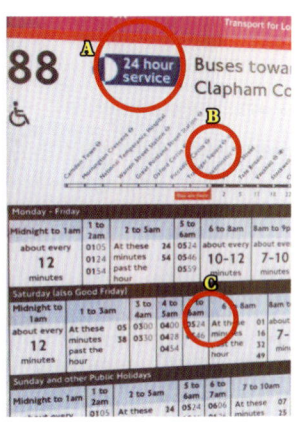

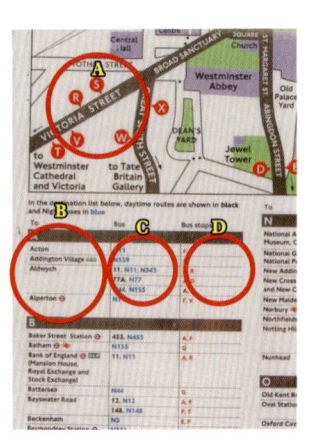

A. 此路線24小時營運／**B.** 行駛站名標示：白色部分表示已經行駛過的站，黑色部分是即將行駛的站。其中，黑色部分下方有小數字，代表預估到達每個大站的行駛分鐘數／**C.** 該路線公車到該站的時刻，及週間、週末、夜間不同行駛間距

A. 此站牌附近的站牌地圖／**B.** 黑色字：去某站／**C.** 藍色字：可搭哪些公車／**D.** 紅色字：去哪個英文標號站牌搭車，然後再對照上面最上面的小地圖，即可找到站牌所在位置

Step 3 上車、下車

倫敦公車一般為前門上車、後門下車，車上基本都會有跑馬燈或是語音提示，下車前須按「Stop」下車鈴，下車時不必再感應卡片。

▲下車按鈴

其他交通工具

道克蘭輕軌

道克蘭輕軌(Docklands Light Railway，簡稱DLR)和地鐵很類似，但營運路線比較少，主要分布在倫敦東邊2～4區。搭乘方式和票券規則都與地鐵相同，票價也一致。雖然站內也有自動售票機販售單程票，但價格比起悠遊卡較不划算。

道克蘭輕軌採無人駕駛且月台無設立閘門，切記一定要先有票，並在進出站時記得感應扣款，才不算逃票，以免查票時被罰款。

▲無閘門出口仍設有票卡感應機　▲注意標誌，這是道克蘭輕軌的月台

電車

電車(Tramlink)主要行駛於倫敦南邊第3～6區，搭乘方式和票券規則都與地鐵相同，票價與公車相同。若所持旅遊卡有包含3～6區中任一部分，則可搭乘所有電車路線。

電車是無人駕駛的自動系統，切記一定要有票才搭車，不時會有查票員，若無票乘車，罰款可不便宜。

地上鐵

地上鐵(Overground)主要行駛於倫敦1區以外的周邊交通，搭乘方式和票券規則都與地鐵相同。車廂更為寬敞，更舒適也更新穎。

觀光巴士

倫敦有多家觀光巴士公司，如果是初次遊倫敦，或是帶長輩出遊，觀光巴士是一個相當好的選擇。觀光路線包含了大部分不可錯過的景點，搭一圈下來，再加上車上的講解，便能對倫敦更有概念，還省了做交通功課的煩惱呢！

纜車

纜車(Cable Car)的交通路線跨越泰晤士河，連結Greenwich Peninsula和Royal Docks兩地，是到達O2表演場和欣賞泰晤士河的另一種選擇。

纜車車廂分一般型和360度，成人單程為£6，來回£12，可以在售票亭買票，也可以直接刷悠遊卡付款。

渡輪

航行泰晤士河的渡輪是另一個欣賞倫敦的好角度。大致可分為2種，一種為Uber Boat by Thames Clippers提供的交通船(River Bus)，另一種為觀光船(River Tours)。

交通船

交通船適合趕時間並想省荷包的旅客，從倫敦眼碼頭搭乘至格林威治碼頭，沿途可欣賞倫敦市中心沿岸幾個最美的地標，不過船上座位比較基本，甲板位置也很少。

交通船票價依照搭乘距離而不同，如倫敦眼到格林威治單程£13.4，刷悠遊卡或事先上網買票可享折扣價£10.25，旅遊卡則折扣更多，票價為£8.95。

▲乘坐交通船遊倫敦

行家秘技 出了倫敦怎麼搭車？

倫敦交通工具錯綜複雜，非常多元豐富，但是一旦出了倫敦，除了少數城市有電車、地鐵之外，其餘的英國城市和鄉鎮，都是仰賴公車作為主要交通方式。全英國公車網非常發達，大城市的主要景點、市區中心以及車站等，都會有公車路線涵蓋。

觀光船

經營觀光船的船公司眾多，船上會有導覽，座位比較豪華，甲板空間也很多，賞景不必隔著玻璃。不過觀光船行進速度較慢，價格也比較貴，如City Cruises的單程票為£13起，日票£24起。但可搭配London 2 FOR 1(詳見P.139)，日票就變成買一送一。

▲泰晤士河觀光船

倫敦地鐵局火車／國鐵

一般我們在倫敦市中心內移動，主要靠地鐵和公車，但若要前往外圍，有時就需倚賴四通八達的鐵路，在倫敦收費區內的境內火車，除了倫敦地鐵局火車(TfL Rail)，還有非常多條國鐵路線(National Rail)。

刷悠遊卡或感應式付款通常會比原價單程火車票更便宜，只要有在官方地鐵火車路線圖中出現的車站，都可以使用悠遊卡或感應式付款。另外，除了希斯羅機場快線、倫敦纜車，以及東南高速鐵(Southeastern High Speed)以外，其餘多數的路線也都在旅遊卡購買範圍內，可不限次數搭乘。

▲地鐵火車路線圖

腳踏車

為推動更順暢便利的交通系統，倫敦景點或各大地鐵站皆設有租借腳踏車系統，可甲地租乙地還，目前只收信用卡，30分鐘費用£1.65。官方也推出Santander Cycles APP，有租車站資訊，並可接收虛擬密碼鎖。

▲ 倫敦腳踏車租用官網

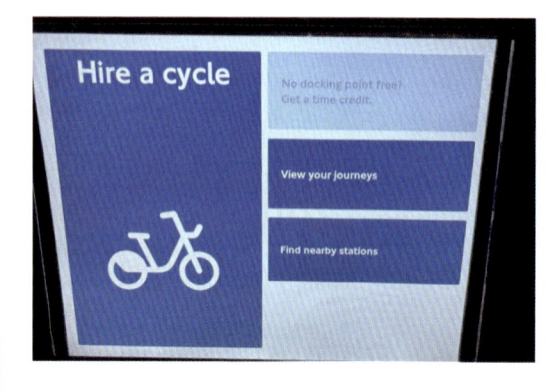

租腳踏車費用說明

單程30分鐘內為£1.65，每超過30分鐘加收£1.65；單日收費為£3，可在當日內無限次使用腳踏車(但是每次僅能使用最多30分鐘，如超過30分鐘仍需要額外支付£1.65)。

租腳踏車步驟 Step by Step

租用方式和台灣U Bike的操作機制大致雷同。

Step 1 找到租車站

腳踏車自助租借機台上會寫Cycle Hire，可下載APP事先查看租車站的現況，避免撲空。

tfl.gov.uk/modes/cycling/santander-cycles/app

Step 2 確認租車數量、印密碼

確認好租車數量後，購買虛擬密碼鎖(Key)以及租車，插入信用卡後，機器會列印一張密碼。

- 租用腳踏車只能用信用卡操作(不接受現金和其他儲值卡片)。
- 限18歲以上租用、14歲以上騎乘。
- 加入會員長租者，配有實體腳踏車卡片鎖。

Step 3 選車確認車況良好

接著選擇腳踏車。確認該腳踏車的手把、坐墊、燈、輪胎等等都是良好的狀態。

Step 4 輸入密碼、牽車使用

在車架上的平面數位鎖按入密碼(由1、2、3三個鍵所組成)，待亮綠燈即可牽車使用(騎乘前記得檢查)。若無法順利按下密碼，可嘗試其他車架的平面數位鎖(密碼將於10分鐘後失效)。

Step 5 將車推入空車架還車

還車時，把車推進空的車架，並等綠燈亮，代表還車完成。若該租用站車架已滿，可在自助租借機台選擇「沒有空車架(No docking point free)」，自動延長15分鐘騎乘時間，機台也可查詢附近可停車的租用站；車子故障可找最近的租車點歸還，按故障通知鈕(Fault button)，系統會提供另一台車。

貼心小提醒

騎腳踏車安全事項

英國與台灣的行車方向是相反的，需特別留意，轉彎時也要注意後方來車。租借者有看管責任，若損壞，歸還時需按下損壞鈕，遭竊也要賠償，所以最好用完即還，並且車不離身。

計程車

傳統的黑色計程車也是倫敦的代表象徵之一，車內空間相當足夠，後座可以搭載5名成人，外加數個大行李箱。車資起跳價為£3.8，依照距離、時間計價(詳見P.45)，可刷卡或付現。所有正規的黑色計程車的司機都必須通過專業考試(The Knowledge)，才能取得執照，因此他們對於倫敦的街道、景點等都瞭若指掌，如有任何旅遊問題都可以請教司機。

叫車注意事項

- **預訂**：接受事先預訂，也可以在路上隨招隨停，如果車上的黃燈亮著，表示是空車。
- **路線**：一般而言，計程車不能載長途路線，上限大概是1小時左右的距離。
- **小費**：金額沒有統一規定，也沒有強制，如果對司機滿意的話可以給。

路上觀察 鮮紅色郵筒

亮眼的鮮紅色郵筒在英國隨處可見，常見的為圓筒狀，有些則是小小的、鑲在牆上的長方狀，甚是可愛。各郵筒的年紀祕密，就藏在正中央的皇家標誌上：在哪位君主在位時出品的郵筒，就會有該君王的代號。現今還在服役的最老郵筒為1853年出品，也就是維多利亞時期，上面的標誌為VR；最普遍的為伊莉莎白二世的郵筒，標示為EIIR，當然也開始有新任國王代號的郵筒CRIII。

街道名與路標

英國的街道名經常是重複的，什麼國王街、牛津街、王子街……都是菜市場名。路標也很有趣，有些是直接立在地上的。

住宿篇
Accommodation

在英國旅行，有哪些住宿選擇？

選擇住宿的地方，可從預算、居住天數、地點、交通、治安、房間設備等條件多方考量。本篇章對各種住宿點的詳細分析，希望有助你做選擇。

圖片提供／Corinthia Hotel、Kiki民宿及Rosewood London Hotel

如何選擇合適的住宿

在英國，尤其是倫敦市中心，住宿費用通常很高，為節省旅遊開支，最好事先把住宿的預算定下來，按照預算來選擇合適的住宿，以免最後荷包大失血。另外，通常價格特別便宜的住宿，就代表房內空間勢必有所犧牲，或是必須共用衛浴，預訂之前一定要看清楚住宿的規格與條件。

另外，某些大學宿舍在寒暑假期間會開放給旅行者短期住宿，價錢比青年旅館稍微高一些，但通常可有自己的獨立房間或是兩人房。雖然可能有門禁時間，行程安排上比較不自由；不過有公用廚房供自行烹煮食物，可省下很多伙食費。

價格取向

青年旅館(Hostel)是最便宜的住宿選擇，通常以床位計價，缺點是必須和陌生人同房、共用浴室，安全性相對而言比較差。通常包含男女分房及男女混房兩種房型，每房4～10人不等，等級更低一點的背包客棧(Backpackers)甚至有20人的大通鋪，訂房前記得這些都要確認清楚。

▲愛丁堡的青年旅館

舒適取向

旅行天數如果較長，或是不太容易入睡的人，不適合一直住在多人同房的青年旅館，恐怕影響每日行程的品質。可以選擇評價的連鎖旅館，或是英國很常見的家庭式經營旅館，民宿(Bed and Breakfast，簡稱B&B)和賓館(Guest House)，家庭式旅館大多都布置得很溫馨，若想要住得舒適一些，這些都是極佳選擇。

民宿和賓館和飯店(Hotel)一樣都有分等級，越多星就越高級，價格也越貴。有一些民宿和賓館沒有加入評定聯盟，完全是私人經營，訂房前最好先上網看看別人的住宿經驗，或是到現場看過房間後，再決定是否要投宿。

行家祕技｜臨時需要住宿怎麼辦？

如果沒有事先訂房，或是原本的住宿臨時發生問題，可到當地的旅遊資訊中心詢問招牌是一個大大的小寫「i」，一般都有附近城鎮的住宿資料，只要提出需求和預算，服務人員就會幫你篩選適合的住宿點，並告訴你如何前往。**請注意** 透過旅遊資訊中心訂房，有些會多收手續費，有些則不。

貼心小提醒｜旺季務必提早訂房

旺季的房價一般都會隨著需求增加而調漲，尤其在重要節慶時更是一床難求，如3月底的復活節假期，7、8月的暑假，8月的愛丁堡藝術節等，建議大家盡早規畫訂房，以免好的選擇都被搶光光。

住宿種類與推薦

圖片提供／Corinthia Hotel London

青年旅館

國際青年旅館(Hostelling International，簡稱HI)是個跨國性的系統，在全球擁有超過4,700家的旅社。合法立案的青年旅館中，多數都是集團連鎖經營的品牌，少數是由個人經營的。一般來說，英國的青年旅館沒有年齡上限，並不是只有青年才能投宿，不過有可能會限制12歲以下的小朋友入住。

通常是多人同房的住宿類型，且需共用衛浴，大多採上下鋪的床位，一個床位每晚的價錢大約£25～40。每間房可能住宿6～8人，甚至是超過10人的大通鋪(Dorm)，雙人或4人房的比例很少，有的男女分房，也有男女混住的型式，有的還分房型以及是否包衛浴。

多數青年旅館都有提供乾淨的寢具，但有的需要租借，如果不想增加這筆支出，可以自備，但要避免使用睡袋。禁用睡袋是因為擔心若不幸發生火災，使用睡袋會阻礙逃生。通常不會供應早餐，如果有，頂多是簡單的吐司、穀片、牛奶、咖啡或茶等。若有附設公共廚房(通常只有基本設備)，房客可以自己購買食材烹煮食物，但是不一定有提供餐具和料理器具。

行家祕技：YH青年旅館卡

YH青年旅館卡 (Youth Hostel Card) 是國際青年旅館的會員卡 (Hostelling International Card)，能讓你在系統內的國際青年旅館投宿時，享有優惠價格。可線上申辦，效期為一年，費用為新台幣 600 元整。

▲線上申辦YH卡

倫敦｜Park Villa Boutique Hostel

CP值相當高，位在東倫敦Mile End地鐵站附近，約5分鐘路程，離紅磚巷、奧林匹克公園都很近。

設備新穎，房間乾淨。有網路，房內設備該有的都有；浴室及廚房共用，咖啡跟茶可以自行取用。另外有提供簡單的歐陸早餐。

▲(圖片提供／Park Villa Boutique Hostel)

www.parkvilla.co.uk

倫敦｜Palmers Lodge Swiss Cottage

這是一棟維多利亞風格的二級古蹟，搖身一變為青年旅館。裝潢保有著古色古香的格調，除了外貌的優勢，價格也實惠，另外還有24小時櫃檯服務、免費無線網路，房間內能免費鎖櫃。只需少少的額外費用，就可吃到非常豐富的早餐。位在倫敦二區，步行2～3分鐘就可抵達Swiss Cottage地鐵站。

palmerslodges.com/swisscottage

倫敦｜Green Rooms

以藝術為主題，位在Wood Green地鐵站對面，離Alexandra Palace火車站不到900公尺，附近有商店、酒吧和餐館。提供宿舍間、私人客房和公寓住宿。標準單人房沒有浴室、廁所，但每一層都有乾淨的共用衛浴。房間很簡約，基本的家具都有，也有網路，價格經濟實惠。

www.greenrooms.london

平價旅館

Travelodge

Travelodge是英國非常大型的連鎖平價旅館，在英國有超過500間，各大城鎮幾乎都看得到其蹤跡，而且大部分都位在地點便利的地方，非常適合有預算限制的遊客。一般客房設備基本，但也乾淨整潔，且雙人房提供的是大床，家庭房(Family Room)最多可以免費加兩張小床(每房最多住4人)。

部分飯店近年開始提供商務房型，設備比一般客房好一些，房內還會提供咖啡機。

www.travelodge.co.uk

easyHotel

easyHotel在全球許多重點城市都提供平價的旅館服務，在倫敦市中心就有數間選擇。不過訂房時請注意看easyHotel的說明，通常最低價的房型可能會沒有窗戶，而且房間設施十分基本，網路也要另外收費。

www.easyhotel.com

青年旅館訂房看這裡

國際YH訂房官方網站
www.hihostels.com

全球青年旅館訂房網站
www.hostelworld.com

英格蘭與威爾斯地區YH訂房網站
www.yha.org.uk

蘇格蘭地區YH訂房網站
www.syha.org.uk

北愛爾蘭地區YH訂房網站
www.hini.org.uk

社團法人中華民國國際青年旅舍協會
www.yh.org.tw
台北市大同區承德路一段44號6樓
(02)2322-1881
ctyha@yh.org.tw

大學宿舍

寒暑假期間，有的學校會出租空出來的學生宿舍，房型很多，從單人房到公寓都有，每個學校都不一樣。有些學生宿舍還有提供廚房，可以自行烹煮食物，詳細的房間與位置訊息可查詢各學校官網。

▲LSE的學生宿舍

大學宿舍訂房網站看這裡

倫敦都會大學(London Met)暑期宿舍	西敏寺大學(UW)宿舍	倫敦政治經濟學院(LSE)宿舍	倫敦大學學院(UCL)宿舍
[QR code]	[QR code]	[QR code]	[QR code]

民宿

民宿(Bed and Breakfast，簡稱B&B、Guest House)是英國旅遊住宿的一大特色，等級介於高級旅館與青年旅館之間，既然是Bed and Breakfast，顧名思義就是提供睡覺和早餐的地方，所以一定有附早餐。

最簡單的選擇方式是參考星級評鑑，分成1～5星，星等越高的越佳。查看評價也很重要，除了各大訂房網站都有旅客評價之外，Tripadvisor的旅客評價最是真實血淋淋，還可看到旅客實際入住的照片，很多都和修飾過的專業照片有落差。

費用大多以人頭計算，較少用房間類型計算，例如：50GBP／pppn(per person per night)，意思是每人每晚的住宿費是£50。一般來說，在風景區且評價還不錯的民宿，一間雙人房大約是£80～100起，但價格還是會隨地區、季節、等級而不同。

華人民宿

華人經營的民宿也是偏向平價的住宿選擇，而且語言相通，溝通起來也更方便，若對行程安排方面有問題，也可以詢問。一般都是要到民宿的官方網站填寫表單詢價。可在Google利用關鍵字查找，或是多看背包客棧網站上的網友們介紹與推薦。推薦兩間倫敦的華人民宿。

樂活倫敦民宿
www.lohaslondon.com

倫敦拉普頓B&B
www.45lupton.com

▲一般小家庭的洗衣機都是放在廚房的，如果有機會租棟airbnb，就能體驗到廚房洗衣服

▲體驗英國B&B住在別人家感覺

鄉村別墅

英國鄉村有長期出租的別墅(Cottage)，是以整棟屋子為出租單位，家具設備一應俱全，還可自行烹煮食物，不過大多都有最低租房天數的限制，且需自備交通工具，適合全家一起出遊，並以定點旅遊為主的行程。價格視季節、地點、屋況等而定，有時在超淡季，一天費用可能不到£100，但等到學校放假期間，卻需要貴2、3倍的價格才租得到。

民宿及別墅訂房看這裡

英國民宿訂房網站
- www.bedandbreakfasts.co.uk
- www.hostels.com
- www.airbnb.com.tw

英國別墅訂房網站
- Britain Express：www.britainexpress.com/cottages

Airbnb訂房網站查詢步驟 Step by Step

Airbnb是非常好用的訂房網站，如果想租整棟房或是整棟公寓，網站上的房源相當多。介面簡單又好用，也可以選擇中文。

一般在訂完房後，會收到確認訊息，可以隨時與房東溝通。房東通常會在入住前告訴住客如何取得鑰匙(或大門密碼)。入住時間與退房時間可能會有些微差別，但一般都是在下午2、3點後可入住，早上10點或11點前退房。

Step 1 搜尋房源

輸入地點、日期以及人數，就可以開始搜尋。

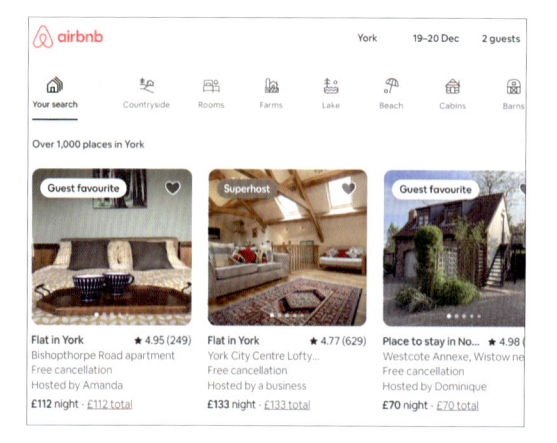

Step 2 查看詳情

點入有興趣的房源，可查看更多照片、房源設備以及大概位置(確定入住才會給確切地址)。參考其他住客的評價也很實用。

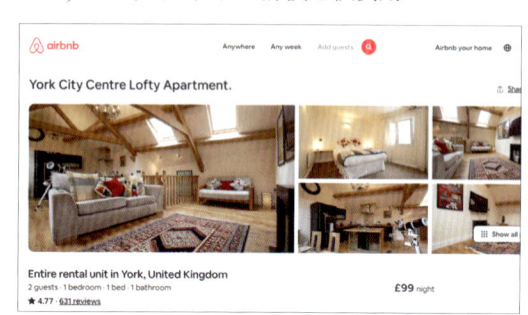

▲一定要查看評價

連鎖與獨立飯店

飯店(Hotel)等級是依門口所掛的星星數目來區分，星星越多顆，當然就越豪華、越貴。世界級的連鎖飯店都具有一定程度的好品質，如三星的Ibis、三／四星以上的Best Western，都算是環境乾淨、價錢合理的住宿選擇。一、二星以下的飯店，雖然價格很便宜，但還是最好先看過房間實際情況，再決定是否要入住。

以倫敦市區的二星飯店為例，雙人房房價約£80起跳，但整體來說，價格範圍很大，越接近市區就越貴。如果看到住宿價格特別便宜的飯店，先別高興得太早，這可能是因為房間小到只能擺兩張床，沒有多餘空間可放行李的緣故；也要搞清楚浴室是否在房間裡。旅遊淡旺季和所在地點也會影響房價。在倫敦，若要住中等以上的酒店，建議把每人每晚的住房預算抓在£70以上。

Premier Inn

如果懶得搜尋住宿，預算有限又不想踩雷，Premier Inn就是你在英國旅遊的好朋友。Premier Inn在全英國共有超過150間旅館，且在倫敦有非常多住宿點，有提供家庭房的選項，還可以幫客戶加床(一般是將原本的沙發變成沙發床)，每間房的人數上限為4人。

入住很方便，可以選擇機器Check-in或是到人工櫃檯辦理，退房時只要把房卡還給櫃檯，或是放到指定地方即可。另外一大誘因是划算的英式吃到飽早餐，一個大人還能攜帶最多兩位未滿16歲的孩童享用免費早餐。

www.premierinn.com/gb/en/home.html

hub by Premier Inn

這是Premier Inn近幾年推出的新品牌，房間比正規的Premier Inn小，但是地點都很優，價格也更實惠，適合年輕遊客或商務人士。

ibis.accor.com/asia/index.en.shtml

如何順利訂到好房？

- 查看評價相當重要：真實的旅客住房體驗絕對能讓你看清一間房源的真實樣貌。
- 承租前，務必仔細閱讀住宿條件、租借條款與罰則。注意有沒有需要的設施，例如是否有冰箱、吹風機；是否提供網路、鎖櫃等等。
- 飯店基本都有空調，但英國一般家庭不會有冷氣，也不見得有電風扇。如果相當怕熱，訂房時需要留意。
- 事先上網確認住宿環境，利用Google Map查看周邊環境是否乾淨，附近人家的花園是否整潔，避免選到壞區。
- 有些民宿位在交通不便之處，可能沒有公車，或是下車後還要走很遠的路。
- 如果住普通家庭式旅館，一般都沒有電梯，有可能需要爬樓梯，攜帶大型李者要慎選。

Ibis

Ibis的飯店中規中矩，價格也還算平易近人，如預算較緊迫，可選擇藍標Ibis Budget，房間比較陽春，浴室較小，但安全也划算。另一系列是綠標的Ibis Style，適合喜歡新潮時髦但預算有限的旅客。

http ibis.accor.com/asia/index.en.shtml

Holiday Inn

Holiday Inn也是好選擇，稱不上豪華，但品質也有保證，是一間歡迎小孩的飯店，甚至在一定條件下還有孩子吃、住免費的優惠，詳情請參考官網。另有規格較普通的Holiday Inn Express。

http www.ihg.com/holidayinn/hotels/gb/en/reservation

Z Hotel

近來有許多亞洲遊客相當喜歡Z Hotel，倫敦有許多地段相當好的分店。Z Hotel的房間不大，但是也算乾淨舒適，並且提供無線網路。

倫敦｜Corinthia Hotel London

維多利亞式建築改建而成的豪華五星級老牌酒店。坐落於倫敦的正中心，旁邊就是泰晤士河，距離倫敦眼、國家美術館、特拉法加廣場、西敏寺教堂和柯芬園等知名景點僅10分鐘路程。交通方便，步行5分即可以到地鐵Embankment站。

酒店豪華典雅，房間寬敞、走現代時尚風格，設備完善包括浴缸、名牌盥洗用品、免費報紙及網路；還有24小時健身中心、桑拿、室內游泳池和SPA，也設置旅遊諮詢和購票服務中心。酒店裡的餐廳及酒吧，食物美味，燈光美氣氛佳。如果預算充足的話這裡是你的最佳選擇。

http www.corinthia.com/en/hotels/london

▲酒店裡的餐廳燈光優美(圖片提供／Corinthia Hotel London)

貼心 小提醒

飯店和民宿的早餐

傳統的英式早餐(English Breakfast，詳見P.105)內容豐富，通常民宿或是中等以上的飯店，都會提供相當豐盛的早餐，高級飯店大多是自助式早餐。住宿前一晚可先詢問早餐供應時間和用餐場所，尤其，有些民宿的早餐會由屋主親手準備的，遲到或臨時不出席是很失禮的。

行家祕技：用Tripadvisor查詢評價

人生地不熟的地方，廣大網友的評價就是最大的幫助。即使是以上品質穩定的連鎖旅館，各分店也會有差異，例如設備的新舊、所在位置等。除了閱覽旅客的評價，查看旅客實際入住時拍的照片更能一窺真相。Tripadvisor 內容包羅萬象，不只住宿，有關餐廳的評價也是血淋淋，很值得參考。

http www.tripadvisor.co.uk

倫敦｜Rosewood London Hotel

位於倫敦市中心的精華地段，步行3分鐘可到Holborn站，15分鐘內可到柯芬園、牛津街、倫敦政經學院、英國皇家歌劇院、布隆伯利廣場及大英博物館。附近熱鬧方便，有Waitrose超市、藥妝店、咖啡廳、餐廳。

酒店由外觀設計到內部裝修都呈現皇室建築般宏偉，每一處細節都顯示非凡品味，在營造質感及空間氛圍上非常用心。房間布置典雅，整潔高貴，設施配備高級，有豪華浴室、浴缸、咖啡機、高級寢具、免費礦泉水及高速網路。還有提供24小時健身設施、桑拿、SPA等。想體驗一下英式奢華可以來住這。

www.rosewoodhotels.com/en/london

連鎖旅館訂房看這裡

Hotels.com
tw.hotels.com

Booking.com
www.booking.com

Agoda
www.agoda.com

▲飯店內餐廳一隅（圖片提供／Corinthia Hotel London）

▲房間布置整潔高雅（圖片提供／Rosewood London Hotel）

貼心 小提醒

住宿需要給小費嗎？

英國住宿沒有給小費的習慣，如果要給，就放在床邊小桌或是枕頭上即可。投宿民宿時也不需要特別準備小禮物，維持環境清潔比較重要。

住宿會有電梯嗎？

英國的建築物樓層不高，所以很少有電梯，通常民宿是沒有電梯的，四、五星級的飯店才會有電梯。1st floor指的是2樓，1樓為Ground floor。

夏天有冷氣嗎？

英國的夏天非常短暫，通常真正很熱很熱的時期大概只有2個星期，所以除了五星級飯店外，一般三星級以下的飯店是沒有冷氣的，有些住宿則會提供電風扇。

衛生紙直接丟進馬桶

英國的衛生紙是水溶性材質，基於衛生問題，使用過的衛生紙請直接丟進馬桶而不是垃圾桶。廁所裡的垃圾桶則是用來丟棄衛生棉或垃圾。

早餐可以打包嗎？

每間住宿規定都不同，若在餐廳額外打包早餐，有可能被收取費用，打包時請先詢問清楚，以免最後被多收取費用。

看懂路標，找到住宿的正確位置

抬頭看看附近交叉路口建築的牆邊或路邊轉角，你會看到一個白色長方型的標誌，這標誌就是路標，讓你知道自己身在何處。路標上的粗黑體英文字寫的是這條路或廣場的名稱，在路名或地名後面的還有一串紅色的英文字母和數字，這就是英國的郵遞區號。

當你預訂住宿點的時候，可參考該地的郵遞區號數字，就大概可猜出它離市中心的遠近。其他城市原則也相仿。例如倫敦的住址「28 Royal Street London, SE1 8BP」，最後面的6個英數字「SE1 8BP」就是郵遞區號。

■ **紅色的英文字母**：代表此地位在市中心的哪一個方向，分別有東 (E)、西 (W)、南 (S)、北 (N)，同理，SW 指的就是西南的方向，以此類推。

■ **英文字母後面的數字**：表示此地與市中心的距離遠近，數字越大，離得越遠，只要數字大於3，就已經與市中心算是有點距離了。

行李寄放

飯店一般的入住時間為下午3點，退房時間則為11點前後，在入住前以及退房後、或是想要輕裝前往其他城市旅遊時，都可能會需要行李寄放的服務，畢竟拉著大行李移動，可是一點都不方便呢！

除了通行於倫敦的 **Excess Baggage**，還有一些與當地商家合作的行李寄放網站，例如小便利商店、紀念品店、小餐廳，有些也會跟旅館合作，這類型的寄物點不只在倫敦才有，也延伸到英國相當多的城市，推出更多的寄物點，只是品質比較參差不齊，且各商家的營業時間不一，所以下訂前一定要看好寄物、取物的時間是否有在店家的營業時間範圍內，以免影響行程。

▲ 網路寄放服務大多都是跟當地小店合作

Excess Baggage

這家行李寄放公司主要服務範圍都集中在倫敦,在倫敦的各大火車站及機場都有寄物點,相當方便,倫敦之外也有,不過比較少。可以上網預訂,或是直接到寄物點寄放。除了聖誕節與新年之外,基本上每日都有營業,且有24小時監視器,安全相對有保障。

Excess Baggae不僅能寄放行李,還有其他服務,例如可將行李寄送到國內外,以及行李箱包膜服務。費用不算便宜,每件行李3小時內£10,24小時內£15,寄放多件有打折。預訂及詳細價格請查詢官網。

▲Left Luggage是Excess Baggage其中一個服務

Luggage Hero

與當地店家合作的行李寄放網站,每件行李£1.19,每日£5.4,多數店家會要求最少寄放兩件行李。每件行李還會收取£2的手續費,可以選擇要不要加收保險費。在寄放行李的前一天,都可以免費取消訂單。

使用方式很簡單,先上網選定合適地點,點選預訂並提供信用卡資料,接著會收到確認郵件或是訊息。之後抵達選定的地點寄放,並在時間到時準時回去領取行李即可。

Stasher

與當地店家合作的行李寄放網站,操作模式與Luggage Hero大同小異。主要以日計價,費用為一天£4.69;該網站也有跟Premier Inn合作,收費則是£5.59。此外,每件行李還會另收手續費£0.99以及保險£1。在優惠碼輸入「ABBY」會有9折優惠(Abby本人不抽傭金)。

住宿常見用語和設施

設施	介紹
套房(En-Suite、Suite)	房間內附有衛浴設備。少數衛浴設備雖不在房間內,但也不需要與他人共用,這也算是套房。
雅房(Shared Bathroom)	需要與別人共用衛浴設備的房間。
有空房/已客滿 (Vacancies / No Vacancies)	住宿點的門口或窗上若掛有「Vacancies」這塊牌子,就表示還有空房。若前面加了No,變成「No Vacancies」,就是沒有房間了。
熱水壺(Kettle)	英國人很愛喝茶,因此每個私人房間必備熱水壺,通常附茶包、咖啡或小餅乾,供住客品嘗。熱水壺對旅途中喜愛吃泡麵的旅人來說,可是一大福音哪!
吹風機(Hair Dryer)	大部分情況下都會附吹風機,如過沒有的話可向櫃檯或是管理單位詢問一下。
暖氣(Heater)	房間內附有葉片式暖氣,暖氣連接管上頭的開關數字越大,表示暖氣越強。除了房內的暖氣開關,通常另有中央控制系統,只有屋主才能真正控制暖氣的供應時間。
毛毯(Blanket)	由於有暖氣系統,毛毯不會太厚,若你很怕冷,記得盡早向櫃檯詢問,多要一件毛毯。
冰箱、小冰櫃、保險箱、房內電話	這些設施都是四星級以上的飯店才會有。
網路(Internet)	大部分住宿地點都會提供Wi-Fi,只是不一定是免費提供。青年旅館則多設有付費式公用電腦或提供無線網路的帳號密碼。

飲食篇
Gourmet

在英國吃吃喝喝

英國飲食近年極力擺脫負面印象,在許多異國料理的刺激與創新融合下,英國飲食更加豐富多元,從早午餐、下午茶、市集小吃到餐廳佳肴都令人食指大動。

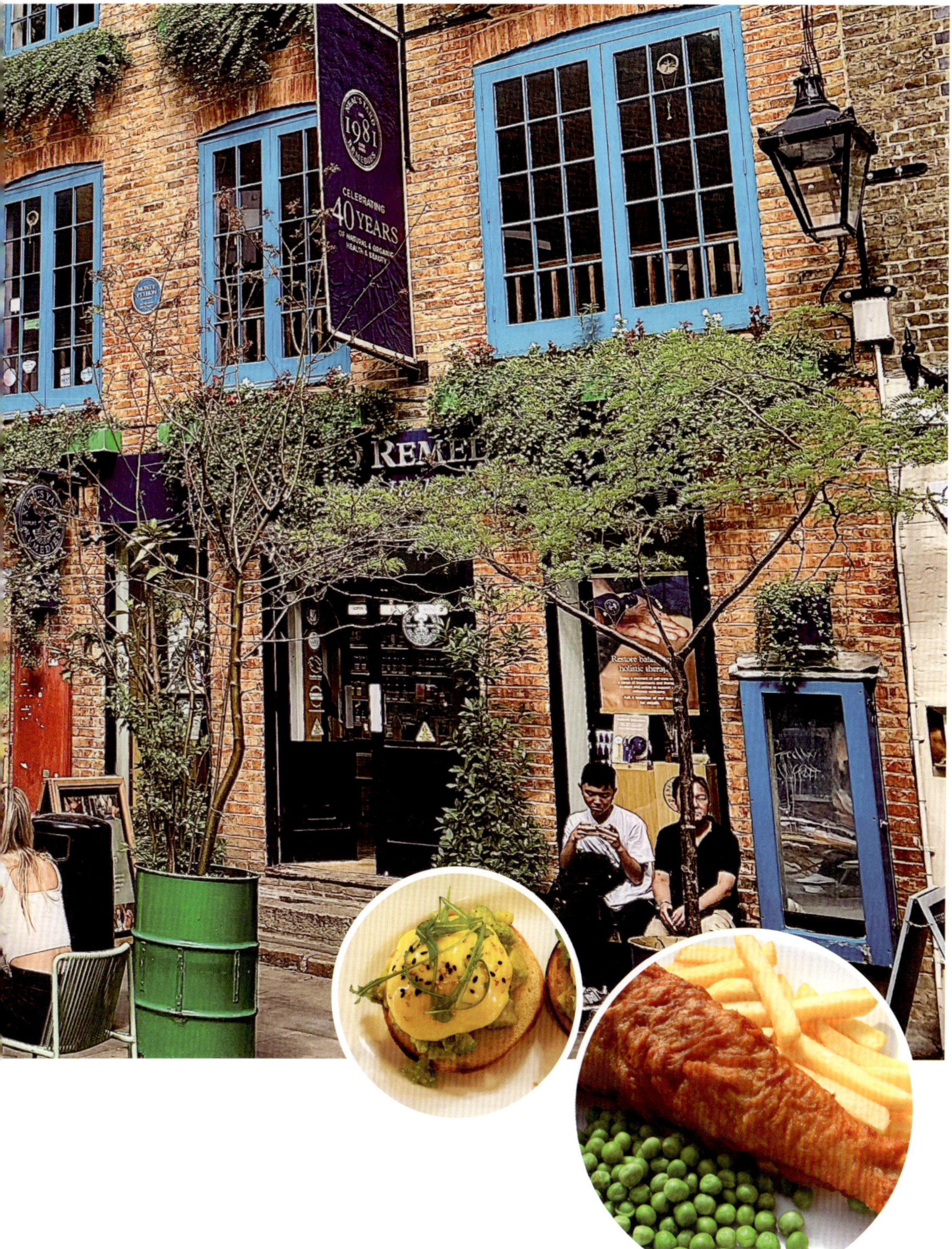
1981
CELEBRATING
40 YEARS
REMED

英國用餐文化

英國傳統飲食大多以排餐或是烤派為主。有各式配料的烤馬鈴薯(Jacket Potato)，通常很有飽足感，許多英國人也會到酒吧享用主餐，當然，在英國也有許多異國料理的美食餐廳。

餐廳用餐須知

等候服務員帶位

進入餐廳，先告知服務員，共有幾位一起用餐，服務員會帶位，若暫時沒有座位會請你先在玄關處稍待。除非是到自助式的咖啡館或速食店用餐，否則不要自己任意找位置坐，會被視為不禮貌的行為。

入座先點飲料

入座後，服務員會遞上菜單並詢問飲料，這時可以點開胃酒，每一家餐廳酒單中都會有幾款House Wine，代表是餐廳的招牌酒，若不指定酒款，可以點House Wine嘗試看看。

水也需要付費，店員通常會進一步問你要礦泉水(Still Water)或是氣泡水(Sparkling Water)；英國的水可以生飲，若不想花飲料的錢，可請服務員提供生水(Tap Water)，是免費的。

結帳與小費

英國沒有強制性的小費文化，但如果在餐廳裡用餐，一般會給消費金額的10～15%；不過如果帳單上包含了服務費(Service Charge／Services Included)，那就不需要再額外給小費；如果沒有包含服務費的餐廳，可以將找錢的硬幣留下作為小費。信用卡付款可直接在簽名時填寫小費金額，自行加總後付款，有些店家則是在付費時，讓消費者自行在刷卡機按下小費金額。

行家祕技：通常餐廳有哪些套餐？

進餐廳用餐，一般會看到菜單中有Set Menu，代表店家預先搭配好的一些套餐組合；Today Special則是今日套餐，套餐通常會讓你前菜、主菜和甜點各選一樣，而飲料需要另外加點。

遇到週日，還有一種特別的套餐叫週日烤肉(Sunday Roast)，顧名思義是在星期天時吃的以烤肉為主的套餐，是非常經典英國聚會的家常料理，有些餐廳或酒館會推出這種套餐。推薦一間週日烤肉餐廳Hawksmoor，烤牛肉分量十足，而且美味。

▲The Hawksmoor官網

傳統英式早餐

傳統英式早餐(Traditional Full English Breakfast)通常包含培根(Bacon)、香腸(Sausage)、蛋和其他配菜，佐以茶或咖啡。一般家庭或自助式早餐，則以穀片(Cereal)、牛奶、優格為主，更豐富者，還會提供香蕉或蘋果等水果。

▲民宿提供的早餐

蛋料理

英國人對蛋的烹調方式各有偏好，有多種形式可選。有炒蛋(Scrambled Eggs)、有殼的水煮蛋(Boiled Eggs)、無殼的水煮蛋(Poached Eggs)和煎蛋(Fried Eggs)。煎蛋還分為煎單面(Sunny Side Up)、兩面都煎一下(Over Easy)，或是煎到蛋黃熟透(Over Well Done)。

配菜

英國各地的早餐配菜略有不同，各有特色。

一般常見的會有烤豆子(Baked Beans)、烤番茄、烤蘑菇、炸薯餅和炸吐司。烤豆子用的是黃豆，先烤過以後再用番茄醬汁煮熟，口味酸甜軟爛。某些地區還會加上黑布丁(Black Pudding)，是把豬血、碎麵包、燕麥攪和在一起烤的圓餅狀料理，或是再加上烤吐司配奶油、果醬。

餐後飲料

飽足後，會喝一杯咖啡或紅茶，幫助醒腦，作為早餐完美的句點。若需糖或牛奶，可向餐廳索取，或者有些會放在桌上供你自行取用。

行家祕技 預訂米其林餐廳

1900年，法國一對兄弟為駕駛者提供了一份汽車及輪胎訊息的免費指南，並在一次大戰時迅速傳開，開始有了各國的版本，並加入飯店與餐廳的資訊，後來甚至招募團隊匿名參訪和檢視各間餐廳。1926年開始對餐廳給予1～3不同星級的評分，1936年出版了米其林星級餐廳指南。

要體驗米其林沒有想像中困難，並非所有的餐廳消費都高不可攀，許多米其林餐廳也會提供價格較為可親的午間套餐(Lunch Set)，價位約£35～65不等，通常包含前菜、主餐和點心，且大多提供2或3道菜選擇，是體驗米其林的入門首選。也可留意餐廳網站的消息，有時會出現超值優惠的價格。

Step 1 搜尋餐廳：在英國米其林網站上，選擇所要查看餐廳的地理範圍，查詢結果包含價格範圍、地址及網址等詳細資訊。
http www.viamichelin.co.uk

Step 2 查看菜單與評價：從餐廳官網可以看到菜單，初步篩選之後，再從旅遊評價網站Tripadvisor了解實際的評價。可以直接用餐廳名字查詢，或是輸入Michelin Restaurant。
http www.tripadvisor.co.uk

Step 3 事先訂位：除了餐廳網站可以訂位之外，有的餐廳也可透過英國米其林網站訂位，若有特殊用餐需求，記得在訂位時一併說明。通常在預定用餐日前，餐廳會再發一封E-mail與訂位者聯繫確認。

Step 4 接待與用餐：到了預訂當天，餐廳的接待人員會詢問訂位姓名，並請用餐者將外套或包包等物品寄放在衣帽間。用餐時請注意穿著禮儀。

飲食篇

時髦早午餐推薦

出門旅遊當然要放鬆，行程再緊湊也要體驗一下早午餐。選一天睡到自然醒，起床再去吃一頓早午餐，吃飽喝足帶著好心情再去觀光，好不愜意！

Weatherspoon

Weatherspoon是一間知名連鎖集團，提供的英式傳統早餐品質穩定且經濟實惠，全英國都有分店。而且每家的裝潢特色都不一樣，有些除了提供傳統英式早餐，還可選擇焙果、沙拉、素食，甚至美式煎餅，也有兒童早餐，滿足所有大小旅人的需求。

▲Weatherspoon英式早餐

http www.jdwetherspoon.com/pubs

The Ivy

The Ivy是連鎖餐廳，除了倫敦以外，許多大城市都有分店。食物不僅美味，擺盤也精緻，餐廳整體裝潢和氛圍都營造得非常好，特別適合女孩們聚會，或是情侶約會。

http ivycollection.com

Sunday

經濟實惠、分量十足，招牌之一的鬆餅非常好吃，私心地覺得鬆餅勝過大名鼎鼎的The Breakfast Club，法國吐司、香蕉麵包、香腸，還有英式早餐的玉米麵包和炸雞肉沙拉也都很推薦。假日開門前就會爆滿，最好在平日去，不然可能需要排隊。

http sundaybarnsbury

CARAVAN

咖啡是自家烘焙，彌漫著濃濃咖啡香。這裡的菜單非常多樣，供應創意料理如茄子醬搭配荷包蛋，椰子麵包淋上檸檬醬，煙燻鱈魚配韭菜等，給你驚豔的美食享受。常常大排長龍，座無虛席。共有8家分店，可上網查詢。

http www.caravanrestaurants.co.uk
caravanrestaurants

行家祕技 Open Table APP

Open Table 光是在倫敦就有1萬間以上的餐廳可以用它預約，訂位還能集點送優惠券，若是臨時無法前往，在APP上也可以直接取消訂位，非常方便。

英式下午茶推薦

英國由於天候寒冷，相當重視喝茶保暖與閒話家常的習慣。一天之中，下午茶是最受重視的一次飲茶時間，餐點也最為豐富，因此英式下午茶舉世聞名。通常鄉間的下午茶館提供的是較為簡單的下午茶(Cream Tea)，內容為司康餅(Scone)，佐以凝脂奶油(Clotted Cream)和果醬，搭配茶或咖啡，通常會附上鮮奶和糖。而完整的下午茶全餐則是3層式的餐盤架，分別放上三明治、司康餅、蛋糕甜點，食用順序須由下層開始吃到上層、由鹹至甜。飯店餐廳通常都會提供3層式的下午茶全餐，甚至還有包含香檳的菜單。熱門飯店的下午茶通常一位難求，建議提前預約。

法式風格下午茶
The Rose Lounge

Sofitel London St James酒店的下午茶餐廳，裝潢為時尚精緻的法式風格，大廳還有豎琴演奏。下午茶套餐包含一壺茶、三明治、司康、法式點心。茶葉是完整葉片，很順口；司康口感外酥內軟。

http sofitelstjames.com/en/the-rose-lounge.html
ⓘ roseloungesofitellondon

▲The Rose Lounge的氣氛沉穩高貴(照片提供／Sofitel London St James hotel)

經典英國貴族三層午茶
Brown's Hotel

布朗酒店的下午茶廳裝潢古典，午茶精緻，內容包括傳統卻不失驚喜的三明治、新鮮烘焙的司康佐手工果醬及康沃凝脂奶油，輕咬一口，香味四溢，而五星級的點心會由服務生推著餐車供顧客挑選。還有現場鋼琴演奏，在此用餐十分享受。

http www.roccofortehotels.com/hotels-and-resorts/browns-hotel/
ⓘ browns_hotel

特色下午茶這裡查

英國各地都有特色或創意下午茶，英國下午茶組織每年會評選出最佳的下午茶，獲獎飯店大多是在倫敦，可依照飯店位置、價格、附設特色，以及其他人的用餐評論。

除了傳統下午茶，倫敦也有相當多主題午茶，例如彼得潘、愛麗絲夢遊仙境等等；也可以選擇在遊船上享用午茶、甚或觀光巴士茶。如是親子出遊，可向餐廳詢問有沒有兒童版午茶。

▲查看更多下午茶餐廳，掃描QR Code找靈感以及優惠

皇室加持的經典款
Fortnum & Mason

　　福南瑪森的總店位在倫敦皮卡地里街上，創立於1707年，是一間高級食品雜貨百貨。下午茶位在百貨5樓(Fourth Floor)，2012年女王親臨開幕，更名為「Diamond Jubilee Tea Salon」。

　　經典3層下午茶雖然不便宜(每人£75起，年年漲價)，但是可以續點吃到飽，我覺得司康非常好吃，香味四溢。吃飽喝足後，可下樓採購紀念品，這裡的茶葉和點心都是相當經典的英國伴手禮。

http www.fortnumandmason.com/restaurants/diamond-jubilee-tea-salon
fortnums

多次獲獎的鄉間名店
Peacock's Tea Room

　　孔雀茶屋位在美麗的伊利(Ely)小城，距離大名鼎鼎的劍橋搭火車只要十多分鐘。這間鄉村風茶店提供偏家常口味的英式下午茶，包含了三明治、司康，以及英國家常蛋糕。每客的價位比起倫敦名店較為親民，目前一客£22.5起。

http www.peacockstearoom.co.uk
peacockstearoomandfinebb

前衛新潮英式下午茶
Sketch

　　Sketch是一間複合式餐廳，有酒吧、餐廳也有夜店，每間廳房的裝潢風格截然不同。一般英式下午茶給人古典優雅的感覺，但Sketch跳脫傳統，這裡下午茶有兩種風格，粉嫩路線的The Gallery和夢幻森林風的The Glade。餐點包括茶、三明治、司康、甜點等，都可以無限續點。最大賣點是洗手間，每間廁所都像顆太空蛋膠囊，非常特別有趣。

http www.sketch.london
Sketchlondon

▲好像在森林野餐別有一番風味(照片提供／Sketch餐廳)

異國料理推薦

英國融合各種民族與文化，自然也有多元食物，尤其倫敦，異國料理餐廳林立，舉凡港式飲茶、日式料理、泰國菜，印度菜，義大利料理等，應有盡有，都很值得一試。

▲印度料理 　　▲中東烤肉配烤餅

黎巴嫩料理 Comptoir

若敢嘗試大量使用堅果、香料和酸奶入菜的黎巴嫩料理，我推薦Comptoir。原本位在倫敦South Kensington附近，近年展店速度極快，希斯羅機場和北部的曼徹斯特(Manchester)都有分店。餐點獨具特色，推薦料理有Lamb & Prunes和Lamb Kofta，前者是用燉羊肉、梅子和胡桃杏仁搭配做成的清爽料理，後者除了有羊肉，更加上大量的蔬菜、優格和紅石榴。中東特有的各種酥皮小點心這裡也嘗得到喔！

www.comptoirlibanais.com

葡非料理 Nando's

有著葡萄牙和非洲血統的Nando's，招牌料理是為加入peri-peri辣椒祕方的烤雞，除了可以選擇辣度之外，還能添加不同的祕方醬料創造出更多重的滋味享受。全英國都找得到連鎖店。

www.nandos.co.uk

▲烤雞肝是老饕喜愛的類鵝肝料理

▲Comptoir生意很好，人潮絡繹不絕

▲葡非烤雞

土耳其料理
Terrace Turkish Kitchen

推薦Lamb Shish套餐(烤羊肉串)，有新鮮的沙拉，用檸檬汁、橄欖油、石榴醋作為調味醬汁，搭配烤肉非常爽口；炭火烤的麵包配上HUMMUS，淡淡的香味，很有嚼勁；主菜是烤肉串搭配土耳其米飯(很合亞洲人的胃口)，羊肉處理得恰到好處，咬下去都是肉汁。價格便宜，在倫敦相當受歡迎。

▲土耳其烤肉套餐

f Terrace Turkish Kitchen

日本料理
Eat Tokyo

這家倫敦的連鎖日本餐廳提供平價日本料理，最受歡迎的大概就是日式便當，不同於英國大部分的亞洲餐廳幾乎都採用泰國香米，Eat Tokyo用的是日本米，除了日式便當、咖哩飯、生魚片、壽司類也都很熱賣。

http www.eatto kyo.co.uk

馬來西亞料理
Roti King

這是一家超人氣又平價的馬來西亞餐廳，不分平日、假日、中午、晚上，永遠大排長龍，一開店就立即客滿，務必要在開店前10分鐘抵達。

推薦幾道經典的入門菜：Nasi Lemak Goreng Berempah(炸雞飯)、Char Kuey Teow(炒粿條)、Roti Canai Special(咖哩雞配上甩餅)，再搭配馬來西亞的國民飲料MILO，很合台灣人的口味。

▲炸雞飯，炸雞香甜酥脆超下飯

f rotiking.has.restaurant

拉麵

在倫敦萊斯特廣場附近有一家正宗的蘭州拉麵Lanzhou Noodle Bar，不過座位擁擠，服務態度也不怎麼樣，但是因為好吃，所以生意仍然相當好。如果喜歡日式拉麵，倫敦還有金田家和一風堂；如果不在倫敦，英國到處都有Wagamama的分店，分店很多，不過這是英國人開的拉麵店，請不要期待太高，起碼有熱湯料理可以解饞。

蘭州拉麵
http 33 Cranbourn St, London WC2H 7AD

金田家
http www.kanada-ya.com

一風堂
http www.ippudo.co.uk

Wagamama
http www.wagamama.com

中式料理

出門在外，若吃膩了西餐，想念亞洲味，可以往唐人街逛逛，雖然大多不是台灣口味，但是不論是湯麵、火鍋、珍奶，小點心如包子，或是亞洲甜麵包，都可以找得到。也推薦嘗試港式食物，例如燒鴨、飲茶等，較老牌的餐廳有文興酒家(The Four Seasons)，喜歡偏現代感的可以試試唐茶苑(Yauatcha)，評價相當不錯。**請注意**倫敦的中餐選擇雖然不少，但是一般都做得比較油，腸胃較脆弱者可能要盡量避免。

唐人街／中國城
地鐵站：萊斯特廣場站 Leicester Square

文興酒家
www.fs-restaurants.co.uk

唐茶苑
taogroup.com/venues/yauatcha

台灣味小吃店

近年來珍奶店在英國也越來越多，幾乎各大城市都看得到，不必擔心會太想念珍奶了。另外還有許多台灣味的餐廳，如柯芬園的鼎泰豐，還有知名的刈包店Boa。

鼎泰豐
dintaifung-uk.com

Boa
baolondon.com

平價輕食推薦

攜帶方便、省時省錢的三明治，有時會是自助旅遊的好選擇。英國各大連鎖超市及咖啡店都有販售各種口味的三明治，如 **Sainsbury's、Waitrose、Marks & Spencer、Tesco、Morrisons** 等，另外，潛艇堡連鎖店(**Subway、UpperCrust**)也很常見。如果想吃點熱熱鹹鹹的食物，可到咖啡廳或一般餐廳點今日湯品(**Soup of the Day**)，一般都會附上麵包，就可輕鬆解決一餐。

▲英國有很多老建築，吃點輕食也很賞心悅目

▲在烘焙店也常見各式鹹派

▲小餐館的輕食午餐

經典炸魚薯條

炸魚與薯條(Fish & Chips)是傳統英國小吃,全英國都有,來到英國一定要常常看這經典小吃。傳統吃法要淋醋(Vinegar),而不是加番茄醬喔。

▲道地小吃炸魚和薯條,一定要嘗嘗

TOP 3餐廳推薦

店家	城市	地區	網址
Knights Fish Restaurant	薩莫塞特 (Somerset)	英格蘭	knightsfishrestaurant.com knights_fish_and_chips
Pier Point Restaurant	托基 (Torquay)	英格蘭	pier-point.co.uk
Noah's	布里斯托 (Bristol)	英格蘭	www.noahsbristol.co.uk noahsbristol_

TOP 3外帶推薦

店家	城市	地區	網址
Ship Deck	卡菲利 (Caerphilly)	威爾斯	caerphillyeats.co.uk shipdeckuk
Yarm Road Fish and Chips	達靈頓 (Darlington)	英格蘭	www.yarmroadfishand-chips.co.uk yarmroadfishchips
The Fish Works	拉格斯 (Largs)	英格蘭	thefishworks.co.uk thefishworks

West Cornwall Pasty

康沃郡(Cornwall)早期因礦工外出餐飲需求,製作包肉餡派,其中最大的連鎖店是有著海盜圖案的West Cornwall Pasty,販賣各式康沃餡派(Cornish Pasty)。

westcornwallpasty.co.uk

▲有著海盜圖案搭配黑色和銘黃配色的West Cornwall Pasty,無論在英國各大城或車站都很容易找到它的蹤跡

Pret a Manger

連鎖平價輕食餐廳。販售各種三明治、潛艇堡、捲餅、沙拉、優格、湯品、水果、咖啡跟甜點。店裡一整排櫥櫃擺滿了食物和鮮榨果汁,三明治和捲餅類都是當天現做,也有熱湯和咖啡。外帶較便宜。

www.pret.co.uk

LEON Naturally Fast Food

LEON是倫敦知名的連鎖速食餐廳，標榜天然食材，較為健康。餐點以輕食類為主，有漢堡、餐盒、捲餅、沙拉、甜點、湯品、飲料等，種類眾多。座位寬敞，且比一般速食店好吃太多，如果想要吃速食，推薦可以吃這家。

http leon.co

日式快餐

wasabi

常見在火車站、購物中心，但也能看到獨立店面，wasabi主打的是日式快餐，可以買到咖哩飯、三角飯糰等。

itsu

日式冷食、壽司，如果想要快速解決一餐，itsu也是好選擇喔。

三大咖啡品牌店

在英國隨處可見的咖啡店也有提供輕食與小點心，是旅人休憩、果腹的好選擇。

■ **Costa**：英國國民品牌，號稱是英國人最愛的咖啡品牌，Costa的咖啡機也常見於商店或是旅館。Costa的咖啡口味偏淡，但死忠擁護者非常多，店裡面也提供輕食，例如馬芬、餅乾、蛋糕、可頌、三明治等。在店內消費可向店員索取Wi-Fi的帳號密碼，免費使用1小時。

■ **Caffè NERO**：英國品牌的義式咖啡，推薦給喜歡喝濃咖啡的旅客，每杯咖啡裡都加了2個shot的濃縮咖啡。大熱天推薦點冰涼的拿鐵冰沙(Frappe Latte)，天冷推薦喝白巧克力摩卡(WhiteChocolate Mocha)，甜甜暖暖的，很適合不喝苦咖啡的女生。特別推薦可口的義式傳統三明治帕里尼(Panini)，店員會幫忙加熱。店內可免費上網。

■ **Starbucks**：大家耳熟能詳的美國咖啡品牌，在英國也有非常多分店，餐點主要有三明治、蛋糕、馬芬、沙拉等，節慶的時候還會推出特別口味，例如Eggnog Latte、Gingerbread Latte，幾乎都很好喝。店內可免費上網。

精選知名酒吧

酒吧(Pub)對英國人來說是社交場合(Public House的縮寫)，除了點杯啤酒放鬆、聊聊八卦，也賣酒吧食物(Bar Food)。常見的菜色有香腸與馬鈴薯泥淋上牛肉汁、燉菜肉鋪上馬鈴薯烤成的牧羊人派(Shepherd's Pie)、常被誤認為點心卻佐肉汁的約克夏布丁酥餅(Yorkshire Pudding)等等。到酒吧會先至吧檯點杯飲料，找好位，再到櫃檯點餐和付款，餐點便會上桌。若不知如何選擇，不妨參考最佳酒吧的得獎名單吧！

▲ 英國最佳酒吧

Anchor Bankside

位於泰晤士河畔、比鄰莎士比亞環形劇場(Shakespeare's Globe Theatre)的Anchor Bankside，已有約400年的歷史，整棟建築的內部陳設未經太多變動，來到倫敦，不妨來此感受一下英國老酒吧的純正風情。

▲ 線上訂位

✉ 34 Park Street, Southwark, London, SE1 9EF
⏰ 週一～三11:00～23:00，週四、五11:00～23:30，週日11:00～23:00

Aqua Shard

碎片大廈31樓是主打英式風格的西餐廳，裡面有個酒吧Aqua Shard，不需要訂位，品味雞尾酒時還可以把倫敦夜景盡收眼底。

🌐 www.aquashard.co.uk
✉ Level 31 The Shard 31 St. Thomas Street, London, SE1 9RY

Nightjar

世界排名前十的酒吧，位於東倫敦一間地下室，每晚都有現場音樂表演，曲風多為藍調或爵士。這裡的調酒大師都是世界一流，個個大有來頭，創意豐富還有令人驚喜的口感。建議一定要先訂位，免得向隅。

▲ 每種雞尾酒都有主題(照片提供／JCMT Agency)

🌐 www.barnightjar.com
✉ 129 City Road, London, EC1V 1JB

The Harwood Arms

唯一獲得米其林一星的英式酒館。可以單點，也有套餐，每天更換主菜，大廚用心設計菜色，顛覆英式酒館等於價廉物美口味普通的刻板形象。除了料理精緻外，擺盤和烹調帶點法式風味，在此用餐可享受視覺與味覺的雙重饗宴。

▲ 週日烤牛肉(Sunday Roast Beef)，包含約克夏布丁和新鮮的烤蔬菜

🌐 www.harwoodarms.com
✉ Walham Grove, Fulham, London SW6 1QP

甜食點心

英國人非常愛吃甜食，包含蛋糕、冰淇淋或巧克力。倫敦的甜點選擇多，常見的有連鎖店Cafe Concerto、Paul等，F&M以及大飯店的附設咖啡店經常也能挖到寶。出了倫敦以外，一般民眾主要在超市購買，或是從線上訂購，如Patisserie Valerie。由倫敦發跡快速展店的新鮮優格水果冰SNOG，不加任何人工添加物，清爽無負擔，是近年來人氣選擇。

天然資源豐富的康沃郡(Cornwall)除了有特色餡派，另外還有比鮮奶油還細緻如冰淇淋口感的凝脂奶油(Cornish Clotted Cream)，在康沃的下午茶大多提供司康餅佐凝脂奶油和果醬，嘗過必定上癮。

http Patisserie Valerie：www.patisserie-valerie.co.uk
http SNOG：www.ifancyasnog.com

▲在熱鬧的倫敦市區有非常多精緻的點心店

▲色彩繽紛，造型又趣味十足的點心

英國各地名產點心

如果喜歡嘗鮮、喜歡美食，就千萬不要放過英國各地名產，大多數名產會以產地命名，但不見得只在產地才有，各地店家或超市可能也找得到，若有機會不要忘記嘗嘗看喔！

■ **提普特利果醬(Tiptree Jam)**：英國家喻戶曉的品牌，各大超市就買得到。此品牌果醬來自艾塞克斯(Essex)，當地的果醬工廠也是景點之一呢！

■ **坎伯里香腸(Cumberland Sausages)**：源自湖區坎伯里的一款香腸，如果住湖區的民宿，提供的英式早餐很可能就有坎伯里香腸喔！

■ **文斯利戴爾起司(Wensleydale Cheese)**：位在約克郡谷地的起司，家喻戶曉，超市也買得到，最特別的就是多種口味混搭的起司，尤其推薦嘗試搭配水果口味的，例如杏桃、蔓越莓。

■ **惠斯塔布生蠔(Whitstable Oysters)**：世界聞名的生蠔地，全年都吃得到生蠔，但品嘗生蠔的最佳季節還是在天冷時，大約9月到4月間。

▲超市就可買到文斯利戴爾水果起司

- **萊伊扇貝(Rye Scallop)**：每年2月底在塞薩克斯郡(Sussex)的萊伊鎮海邊，都會舉辦為期一週的扇貝節，是享用扇貝的好時機。
- **巴斯圓麵包(Bath Buns)**：傳說中《傲慢與偏見》的作者珍·奧斯汀最愛的點心就是巴斯圓麵包，這間位在巴斯市中心的老店莎莉露(Sally Lunn)，就是巴斯圓麵包的始祖，其建築本身也是巴斯最老之一(詳見P.147)。
- **切達起司(Cheddar Cheese)**：切達起司已經變成一個常見的日常名詞，其發源地就在英國的切達村。
- **伯克韋布丁(Bakewell Pudding)**：峰區的伯克韋是一個美麗、靜謐的小村莊，推薦來走走，並嘗嘗很受當地人喜歡的伯克韋布丁，這屬於一種甜蛋塔，村子裡有3家都聲稱是老店，遊客可自行選擇。
- **康沃餡派(Cornish Pastry)**：雖然在英國各地不難找到販賣康沃餡派的連鎖店，但是到了發源地康沃郡(Cornwall)，千萬不要忘記在當地買一個新鮮現做的康沃餡派！Philps、Ann's Pasties、The Chough Bakery及Sarah's Pasty Shop等，都是當地推薦店家。
- **格拉斯米爾薑餅(Grasmere Gingerbread)**：湖區的格拉斯米爾幾乎是初訪湖區的人，都會

▲伯克韋布丁老店之一

短暫停留的小村莊，Sarah Nelson's已有175年的歷史，專賣薑餅，非常有名氣。
- **克羅麥螃蟹(Cromer Crab)**：克羅麥是諾福克郡一個濱海小鎮，出產螃蟹，是當地人的夏季度假勝地。當地餐飲店經常能見到「螃蟹三明治」這種特色餐點。
- **梅爾頓莫布雷豬肉派(Melton Mowbray Pork Pie)**：豬肉派是英國的傳統美食之一，外頭的派皮與中心扎實的豬肉內餡，還夾著一層肉凍，主要以冷食為主。萊斯特郡的Melton Mowbray小鎮以豬肉派聞名，不過各大超市也都買得到，可以買來試試。

▲格拉斯米爾薑餅店

▲克羅麥螃蟹三明治

季節性點心

一年之中，搭配節慶或季節，英國人一定會吃某幾種食物，只要季節一到，連超市也買得到喔！

- **3、4月復活節前後**：熱十字麵包(Hot Cross Buns)、各式復活節巧克力。
- **7、8月夏季莓果季**：超市的各式莓果都會特別便宜，一定要買草莓、藍莓與覆盆子。
- **12月聖誕節**：聖誕布丁(Christmas Pudding)、百果餡派(Mince Pie)。

▲聖誕節的百果餡派

▲夏天的莓果最好吃

行家祕技：倫敦時髦點心店

Cedric Grolet London

位在高級飯店 The Berkeley 中，Cedric 可以說是現今最厲害的法式甜點主廚之一，以精緻的法式點心著稱，尤其水果點心幾乎以假亂真，是網紅拍照必備。

如果時間充裕，推薦入內享用，座位圍繞著廚房，還可以跟工作人員聊聊甜點，不過價格偏高，如果內用壓力太大，也可以外帶喔。這裡靠近騎士橋地鐵站(Knightsbridge)，附近還有 Harvey Nicolas 百貨可以逛逛。

http www.the-berkeley.co.uk/restaurants-bars/cedric-grolet-at-the-berkeley

Amorino Gelato Italiano

這間店的冰淇淋是像花瓣一樣，一片一片組合起來，彷彿一朵美麗的花，非常吸睛，很適合拍照打卡。有大、中、小3種尺寸，可以要求店員讓你選多種口味，只要花朵放得下。顏色組合夢幻，口感層次豐富，味道非常濃郁不甜膩，好看又好吃，推薦芒果、莓果、檸檬，以及開心果口味。

http www.amorino.com/en

超市美食

英國物價高，外食通常不便宜，一杯咖啡基本約需台幣150元、咖啡店或輕食店的三明治一份也要台幣150元起，即使一碗平凡的拉麵或湯麵也需要台幣400元，所以能讓旅英預算變得更彈性的方法，大概就是控制「餐費」。

推薦自助的旅客，行程當中可以安排幾餐是到超市購買食物，自己烹煮備餐，雖然比較麻煩，但是可以省下不少，而且也是很好的英國生活體驗。因此，若選擇可以開伙的住宿地點是最好的，再不然，有附冰箱和微波爐的也可以。

▲ 自己做英式早餐也很美味

▲ 分量超足的早午餐

自製英式早餐

英式早餐

英式早餐其實非常容易準備，但一定要有廚房設備。可購買以下至少4～5種食材：罐裝焗豆(Baked Beans)、雞蛋(Eggs)、香腸(Sausages)、蘑菇(Mushrooms)、番茄(Tomatoes)、培根(Bacons)、冷凍薯餅(Hash Browns)、吐司(Toast)。把香腸、培根、薯餅放到烤箱裡烤，同時雞蛋、蘑菇、焗豆、番茄用鍋子加熱或煎一下，不用半小時，英式早餐便可上桌！

酪梨吐司蛋

酪梨吐司蛋(Scrambled Eggs and Avocado on Toast)是英國常見的一道早餐料理，只需炒好蛋，將酪梨切片，並準備麵包。麵包烤過更好吃，用吐司或是切片的歐式麵包都可以，鋪上切片酪梨和炒蛋即完成。如要更加美味，可在超市冷藏區購買煙燻鮭魚(Smoked Salmon)，然後鋪在最上方，瞬間升級成餐廳料理。

焗豆吐司

焗豆吐司(Beans on Toast)是英國人普遍的焗豆吃法，作為早餐非常適合。將罐裝焗豆加熱，然後鋪在吐司或切片的歐式麵包上一起食用。

行家祕技 不一定要上館子，也可以叫外送

- **Uber Eats**：用 Uber Eats APP 可以線上點餐與 Uber Eats 合作的店家，並追蹤送餐進度，相當方便。
- **外送店 (Takeaway)**：英國相當流行外送店，而且大部分都是亞洲餐館呢！可上官網查詢住宿點附近的外送店。

http www.just-eat.co.uk/takeaway

自備午餐輕食

一般英國人的早餐和午餐都吃得比較簡單，大多數人的午餐也會選擇最方便的三明治，可能是吐司、焙果或長棍麵包。早上出門前先準備好帶在身上，中午時間不論你遊逛到哪裡，就可以拿出來飽餐一頓，非常方便，各大超市可以輕易找到很多好搭配的食材哦！

■ **穀片**：超市一定會有穀片區，各式形狀、口味的穀片，品牌也相當多，家樂氏(Kellogg's)是最大牌子，超市的自有品牌也是好選擇。穀片有大包裝也有輕巧的旅行包裝，只要再買一罐牛奶搭配就是一餐。穀片和牛奶在英國都很便宜。

■ **麵包**：麵包類最容易攜帶。超市除了吐司，還有各式大塊的麵包，基本上口感都會比較有嚼勁。最常見的甜麵包是布里歐麵包(Brioche)，有賣一整條，也有一包內分成好幾小條的，可作為外出能量補給。可頌(Croissant)在英國也很常見，通常擺在可頌旁邊的，就是香酥的法式巧克力可頌(Pain au Chocolate)，兩種都可以現吃，但若用烤箱再回烤一下，美味度會激增。

■ **三明治**：裡面的夾餡可以抹果醬、奶油乳酪(Cream Cheese)，或是買一包火腿(Ham、Salami)及切片起司(Sliced Cheese)，夾在一起吃。

■ **優格、水果**：方便又健康的選擇，不過需要考慮住宿地點有沒有冰箱可保存冷藏食品。

行家祕技：超市套餐組合

大部分連鎖超市都會推出這種套餐組合，一般會包括一份三明治、一瓶飲品，外加一包薯片，大約台幣一百多元，如果不方便自製，也可以選擇這種平價的組合來節約預算。

準備晚餐

超市的晚餐選擇很多，當然，如果是一家人或是幾個朋友一起旅遊，好好開伙煮一餐也很溫馨！以下提供幾項常見的選擇。

■ **微波食物**：超市的微波食物選擇非常多，不僅外國食物，炒飯、炒麵在微波區就找得到。

■ **外帶套餐**：高級超市馬莎百貨(Marks and Spencer)經常推出雙人套餐(£12)，包括主餐以及配菜或甜點。若購買這種套餐，住宿地點需要有烤箱。另一間高級超市維特羅斯(Waitrose)也會推出套餐。

■ **泡麵**：除了亞洲超市以外，可以在部分大間的Tesco或是Morrisons買到亞洲泡麵，如辛拉麵及出前一丁喔！

■ **即食區**：規模不要太小間的超市可以找到熟食區(Deli)，例如蘇格蘭蛋(Scot Eggs)、豬肉派(Pork Pie)或是烤好的全雞、雞腿等。也可購買冷藏櫃的沙拉，有些店還有壽司。

■ **烤披薩**：烤披薩也是很方便的選擇，除了冷藏櫃以外，冷凍櫃也會有披薩，價格可能更便宜喔！

■ **義大利麵**：如果願意開伙，超市提供非常多種類的義大利麵和義大利麵醬，輕鬆就能煮出一餐。

▲ 順便外帶1盒美味又便宜的冰淇淋回住宿地享用

購物篇
Shopping

來英國血拼，哪裡最好買？

英國是日不落帝國，從國際精品到街頭時尚品牌，選擇眾多，令人目不暇給。此外，還有各種深具傳統與特色的百貨公司和市集，來到英國一定要去朝聖呀！

ERECTED
AD 1881
ESPRESSO BAR
8&9
Brokers
Wine Bar
BISCUITS
KitKat
414g
NET WT 14.6 OZ

留學生活情報
一定要認識的各大超市

英國多數家庭原則上每週會有一次大購物(Weekly Shopping)，盡量一次買齊一整週需要的食物，除了麵包、牛奶等較不易存放或是容易消耗完的的品項，可能在中途還須補買(Top up)。英國的買菜習慣可能跟台灣不盡相同，大部分的食物、日用品，以及鮮花、碗盤，甚至制服，都可以在大超市內一次完成。

高價位超市

依照客群的不同，英國各大超市有明顯的等級差異，主打的商品取向也有所不同。Waitrose和M&S是比較常見的高價位連鎖店，雖然定價高，但一般都是精選過的商品，而且還有一項特點，這兩間超市的工作人員笑臉的頻率都很高，基本上服務都沒得挑剔。

馬莎百貨超市
Marks & Spencer(M&S)

M&S大家應該不陌生，尤其走在倫敦的牛津街上，很難不注意到這間大型百貨。百貨裡有服飾、化妝品、家具、鞋子，想得到的應有盡有，只不過比較難找到一般定義中所謂的「名牌」，它是以自有品牌為大宗，如果要購買孩童衣物，M&S可說是高品質又划算，一定不能錯過。

▲馬莎超市裡的花

回到「超市」正題，M&S裡面會有自己的超市區，定價相對一般超市而言來得高，但是不可否認的，食物的品質真的很不錯，尤其是水果，比較不容易踩到雷，在某些英國產的水果包裝上還能看到農夫的名字呢。M&S的冷凍即食餐(Ready Meals)也是屬於相對受歡迎的，不管是懶得開伙，或是不方便煮飯，只要有微波爐或烤箱就可以搞定。除了大型百貨的超市區外，M&S在各地也開設了純食品區(Food Hall)，以賣食物為主，方便當地居民。一些M&S的店面會有烘焙坊，因此也能買到新鮮出爐的麵包。

M&S優惠

可在Sparks免費註冊(www.marksandspencer.com/joinsparks)，享有許多精選優惠。

http www.marksandspencer.com

貼心 小提醒

在英國購物記得隨身攜帶購物袋，無論大小商店都是一樣，在英格蘭，最便宜、最薄的購物袋一個至少會收你10p。

維特羅斯超市
Waitrose

　　Waitrose是另一個英國高價超市連鎖品牌，也是John Lewis百貨公司的子公司。各地Waitrose的架上商品，會隨著不同的消費習慣而變化，例如有些Waitrose裡會有壽司吧。Waitrose的新鮮食材大部分是自有品牌，有趣的是，Waitrose的自有品牌還細分成不同等級，顧客可按照需求挑選——Essential、Waitrose 1，以及Waitrose Organic。而即食區、香腸區等，則會有Waitrose「精選過」的品牌。

　　超市裡當然也會有各式大眾品牌日用品，例如衛生紙、消毒水、烤紙，也可以買到常見的餅乾、果醬、麵包品牌。但是貨比三家後，你會發現在Waitrose不打折的情況下，同樣的東西在別的超市或許會便宜5p或10p呢！

　　如果喜歡在這裡消費，一般會辦一張免費的會員卡——MyWaitrose卡，會搭配一些優惠，例如免費雜誌，免費咖啡，也會有客戶專屬的折扣券等。

Waitrose優惠

免費辦MyWaitrose會員卡：現在的優惠方案是每週都有一些指定商品特別為會員而打折，只要你每次消費有刷會員卡紀錄，就能獲得優惠。還有一些其他優惠，例如免費雜誌，或是各店面的每週精選優惠，也都是要有會員卡才能享有優惠價格。

http www.waitrose.com

大眾超市

　　英國有「四大(Big four)」大眾超市：Tesco、Asda、Sainsbury's以及Morrisons，是大部分民眾的主力消費連鎖店，甚至可以說占了7成的食品雜貨市場。這四大超市基本上都買得到常見的品牌，而且也有自有品牌。各大超市為了外來移民，通常還會設置一區外國食品區(World Food)。另外，他們還有自己的服飾品牌，例如Tesco為F&F，ASDA為George，Sainsbury's為Tu，而Morrisons為Nutmeg。

　　四大超市皆提供線上訂購服務，不論是交通不方便、甚或不想出門買菜時，都不需要擔心，只要在家動手指點一點，就有專人送貨來囉！

Tesco

　　大名鼎鼎的Tesco是英國的第一連鎖品牌。常見店面由大到小分別稱為Tesco Extra、Tesco Superstore、Tesco Metro以及Tesco Express。一般在市中心比較常見的都是小店面，例如Express或是Metro，可以採買必備的生活用品，不過畢竟店面小，選擇有限，若喜歡逛超市，當然要往大間的跑。此外，如要採買伴手禮，Tesco可說是經典又划算的好選擇。

Tesco優惠

Clubcard會員卡：時常推出許多商品折扣價，結帳的時候需要刷Clubcard才能使用優惠，有時候省下來也是一筆不小的數目呢。會員卡還有一個好處，就是集點換折價券，折價券可以直接用於Tesco消費；若使用合作廠商、觀光景點，折價券的面額還可以乘以3倍來使用。

http secure.tesco.com

ASDA

ASDA在這四大超市中，平均定價算是最便宜的，即將到期的商品一般都會貼上黃標促銷，如果不介意可以購買。黃標商品原則上一直都有，但依照經驗，每天晚上7～9點左右是店內折價商品最多的時候。

ASDA優惠

ASDA有推出集點的APP(ASDA Rewards)，每次購物結帳時記得掃描一下，累計的點數可換成折價券。

www.asda.com

自助結帳櫃檯 (行家祕技)

在各大超市，自助結帳區幾乎快變成主流，不管是使用感應式付款或是Apple Pay都相當方便。英國已將感應式付款的最高上限提高到£100。**請注意** 只有少部分機器接受現金付款。

▲自助結帳機器

Sainsbury's

Sainsbury's 的價位在四大品牌裡屬於不上不下，但是擁護者還是相當多，其自有服飾品牌Tu也很受大眾歡迎，可以說是物美價廉。

Sainsbury's優惠

一般來說，Tu在學校假期或是聖誕節前都會有25%的折扣。另外，Sainsbury's還有集點系統Nectar。

www.sainsburys.co.uk

Morrisons

Morrisons也是當地人相當喜歡的超市，裡面有一部分定價較低的蔬果為Wonky系列，意思就是不怎麼完美的，但是有時左瞧右瞧，也看不出Wonky在哪裡，就可能只是尺寸不完美。Morrisons也會進一些外國食物，泡麵、米都買得到。

Morrisons優惠

My Morrisons會員卡：個人化優惠以及額外驚喜都從註冊會員開始。

my.morrisons.com

▲大型超市裡有會有漁獲區，要學會挑新鮮的

▲到處看看有沒有黃標折扣

平價超市

說到節省預算，千萬不要忽略這兩間德國來的折扣超市：ALDI以及Lidl，生鮮蔬果的定價比普通超市都更便宜，生活用品也不例外。定價低的祕訣不外乎就是減少人力服務及商品品項，不過仍可充分滿足一週的日常採買需求。

如果在這兩間超市採購，基本上一定都比其他超市來得便宜。但是這兩間超市的肉品名聲相對比較不好，在此採購蔬菜、乾糧或日常用品會比較合適。

▲越來越多英國人傾向在ALDI與Lidl消費

重點購物網站這裡查

Amazon：www.amazon.co.uk
若加購Amazon Prime，不但享有快速送貨服務，還可看Amazon Prime提供的電視、電影，以及音樂。

ebay UK：www.ebay.co.uk

ASOS：www.asos.com
很受學生喜歡的流行服飾網站，也有自有品牌。

Selfridges：www.selfridges.com/GB/en
如果不住在都會區，需要購買精品、保養品都可以直接在Selfridges訂購。

Ocado線上超市　只有網購

Ocado是一間純粹線上購物的超市，沒有實體店面，定價方面比較類似Waitrose與M&S。由於目前Ocado與M&S合作，所以在Ocado網站可以訂到M&S的產品。Ocado不僅有食物、居家用品、烘焙器材等，連各式嬰孩用品都有，產品包羅萬象。

如果送來的東西有誤？或是品質不好？別擔心，Ocado退費機制很方便。甚至還能回收不需要的購物塑膠袋，而且不管是從哪一家超市來的塑膠袋都無所謂，一個袋子可以退10p，直接拿給送貨司機即可！

www.ocado.com

行家祕技　更多購物優惠撇步

做慈善兼撿便宜

英國有非常多的慈善二手店，以低價販售民眾捐的各種物品，獲利會捐給特定團體或組織，經常可以挖到寶，或是以1折以下的價錢買到東西。常見的物品有服飾、餐具、書、玩具、家用品等，有些嬰幼用品特別多，也有專賣家具，有時在富人區的慈善店還能看到精品服飾，不過大部分是家用品居多。

現金回饋網站

英國十分流行現金回饋網站，其中TopCashback是最多人使用的，在官網註冊登入後可查詢有合作的店家，然後連回該店家網站結帳，即可獲得搭配的現金優惠。

留學生活情報
不容錯過的學生優惠

隨身攜帶學生證

英國對學生相當友好，許多店家、餐廳都會對學生祭出特別優惠。一般提供學生優惠的店家，門口可能就會貼上告示，少數店家門口雖然沒有貼告示，但常常隨口一問是否有學生折扣時，都會有驚喜呢！

UNiDAYS

只要是年滿16歲的英國學生，且有英國學校的電子信箱，就可免費加入UNiDAYS會員，註冊後就會拿到專屬折扣碼，只要在他們有合作的品牌網站或者實體店消費，都有相應的優惠價格。也可以下載官方APP，更方便查詢及購買。

▲加入UNiDAYS

英國學生折扣卡TOTUM

英國最大的學生打折卡，合作商家持續增加中。會員等級不同則優惠也不同，可申辦最基本的TOTUM DIGITAL，享有300種以上的學生折扣，且不需要會員費。若申辦其他更高階的會員卡，還會附贈一張12個月效期的ISIC國際學生證。

▲查看卡別以及優惠

留學生專屬社團

SUROCUK台灣旅英學生總會

藉由聯繫英國各地台灣學生會以及其他組織，為旅英台灣留學生提供協助，包括活動分享、職業協助、諮詢服務等。也可以在這裡找到各個學校的台灣人社團。

http www.surocuk.org

校內台灣學生會／社團

基本上各個大學可能會有自己的台灣學生會或是Facebook社團、專頁，入校時，可留意校內對新生的各種服務資訊，很快就能連結上。

PTT AdvEduUK

任何問題都可以到PTT的英國留學版提問，或是找看看有沒有人已經問過得到解答了。從正式文件資料、選校、校內生活，到日常生活中繁瑣的疑難雜症，都有人為你解惑。

http www.pttweb.cc/bbs/AdvEduUK

Facebook相關社團

▲台灣人在英國 Taiwaness in UK

▲台灣人英國超市好物社

留學生活情報
優質實惠的伴手禮

雖然在大城市裡隨處可見紀念品店，但不外乎就是一些印上英國國旗的裝飾性小東西，不太實用，而且有的也不便宜。在國外留學，仍不免俗需要帶一些禮物給親朋好友，這裡介紹的不僅經濟實惠、有質感，還很實用，而且這些東西都是在超市就可以買到的哦！

Border餅乾

便宜、好吃、又多樣化的Border餅乾，在各大超市都買得到喔！

www.border.co.uk

Yorkshire Tea

英國的日常茶葉，味道偏濃，價格便宜，是每家每戶的必備茶。特殊口味的「餅乾茶」也賣得相當火紅，用來做珍珠奶茶特別合適。

Twinings茶葉

超市除了販售生鮮或輕食，也是採買英國本地特色食品的好地方。英國第一大茶葉品牌Twinings，在超市就可以找到許多台灣所沒有的口味。

www.twinings.com

Bourbon Creams Biscuits 巧克力夾心餅乾

甜甜、咬起來又卡滋卡滋的巧克力夾心餅乾，也是日常必備之一。這種餅乾在各大超市都有自有品牌。

Duchy Organic有機食品

Duchy Organic是英國王儲查爾斯王子創辦的有機食品品牌，標榜永續發展，品質也很優，其有機燕麥餅乾奶香濃厚，是最受歡迎的產品之一；其他如果醬、紅酒、巧克力等也都很推薦。包裝精美又有皇室加持，也是送禮的好選擇。

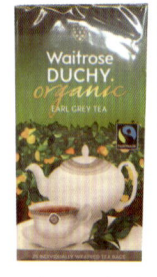

www.waitrose.com/ecom/shop/browse/groceries/organic_shop/duchy

Walkers奶油餅乾

1898年創立的蘇格蘭品牌Walkers，是相當知名的老牌奶油餅乾，濃厚奶香以及酥鬆的口感，是午後點心的好選擇。Walkers在多個大超市都可買到，但都偏基本款，紀念品店比較常有特別的鐵盒款。

Monty Bojangles巧克力

這個口耳相傳的小眾英國品牌，事實上已經連續獲得許多獎項，推薦大家試試看，在Waitrose就買得到喔！

http montybojangles.com

Thorntons巧克力

Thorntons是英國最受歡迎的巧克力之一，在超市也常見多種包裝與內餡，另外，於1824年創立的英國品牌Cadbury巧克力，在超市也有多種平價的產品。

http www.thorntons.co.uk

留學生活情報
精品高級感伴手禮

Whittard茶葉、巧克力粉

著名的英國茶葉，雖然台灣也有進駐，但來到英國還是要朝聖一下，價格上會更划算呢。這裡能買茶包、茶葉、或是秤重的特殊茶款，不過這邊最受歡迎的還是英式早餐茶、伯爵茶，而巧克力粉也相當不錯。

http www.whittard.co.uk

NEWBY茶葉

NEWBY的包裝看起來高級又有質感，打開包裝就能聞到濃濃的茶香，喝起來更是茶味香醇濃厚，立體茶包裡的茶葉是扎實整顆的。有些五星飯店的咖啡廳會使用該品牌茶包，就可以知道其水準了！

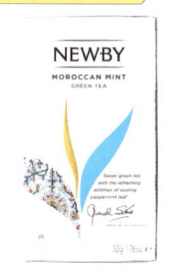

▲Newby Teas的包裝高級精緻(照片提供／Newby Teas)

http www.newbyteas.com

Hotel Chocolate巧克力禮盒

第一間店於2004年在倫敦，現在在全英國已有超過百間分店。這裡最受人歡迎的，就是巧克力禮盒，每種口味都做的各有特色，讓收到的人都不知道要從哪一顆開始下手才好呢！

http www.hotelchocolat.com/uk

Harrods點心

到倫敦一定要到哈洛德百貨踩點，這裡不只有觀光客，也有許多當地人愛來。觀光客送禮，推薦買哈洛德品牌的茶葉、餅乾，甚或巧克力，送人或是自用都很合適！

http www.harrods.com

Fortnum & Mason(F&M) 福南瑪森點心

皇室御用品牌、奢華居家百貨、高級午茶都是F&M的代名詞。這間百貨的旗艦店位在倫敦的皮卡地里街上，有著300年的輝煌歷史。食品區有許多送人的好選擇，茶也也相當有名，雖然價格貴了一些，但非常有質感。

http www.fortnumandmason.com

Cartwright & Butler餅乾

源自於約克郡，有百年歷史的餅乾品牌，打著不減脂，僅專注在味蕾的完美上。鐵盒是送人的最佳選擇。

http www.cartwrightandbutler.co.uk

Charbonnel et Walker巧克力

1875年創於倫敦的奢華巧克力品牌，許多名人都曾是此品牌的客戶，如黛安娜王妃、伊莉莎白二世。強調是最好的巧克力，所以價格上比較不親民。

http charbonnel.co.uk

倫敦百貨商圈與市集

百貨商圈

倫敦不但是國際一線大城，也是匯集創意的地方。從世界精品到獨立設計師品牌，都能滿足旅人各式好奇心與需求。

西田購物中心

想快速網羅各大潮流服飾品牌，就到西田購物中心(Westfield)，倫敦共有兩家，市中心西側的Westfield London與位在東側的Westfield Stratford City室內購物中心，集中品牌商家，並提供手機充電、寄物、洗手間和餐廳，適合想要大肆採購、又擔心颳風下雨的遊客。

Westfield London
http uk.westfield.com/london / ➡ White City地鐵站

Westfield Stratford City
http uk.westfield.com/stratfordcity / ➡ Stratford地鐵站

Selfridges

位在購物精華地段上的Selfridges，是愛時尚的旅客最不能錯過的百貨之一。時下最夯、最前衛或是最有創意的商品，往往在此都能看到。其櫥窗展示也話題性十足。

http www.selfridges.com / ➡ Bond Street、Marble Arch地鐵站

哈洛德百貨

哈洛德百貨(Harrods)有許多有趣的故事，例如它是英國第一個有手扶梯的地方、曾經還有寵物部門，甚至能買到黑豹、老虎等。如今，哈洛德仍是奢華的代名詞，裝潢相當華麗，如待到天黑，則可以看到超過11萬顆燈泡點綴著整棟建築物，閃閃發亮，而其自家專屬購物袋和紀念品，是觀光客必訪部門。

http www.harrods.com / ➡ Knightsbridge地鐵站

柯芬園

柯芬園(Covent Garden)一帶有許多品牌商店，主建築群內的小商店也各有特色，室內還有創意市集，販售手工藝品、紀念品。廣場上常見街頭藝人，也是一大看點，部分為靜態表演，若合影，建議給小費；也有現場演出，有些表演很有趣喔！

http www.coventmarket.com / ➡ Covent Garden地鐵站

攝政街與牛津街商圈

從大理石拱門(Marble Arch)，到牛津街圓環(Oxford Circus)的牛津街(Oxford Street)沿途，主要是休閒品牌、連鎖百貨及紀念品店；從牛津街圓環往南走到皮卡地里圓環(Piccadilly Circus)為攝政街，以中高價品牌為主；高價品牌則是往龐德街(Bond Street)商圈集中。

中國城(China Town)和有街頭藝人表演的萊斯特廣場(Leicester Square)也在徒步範圍內，附近還有夜店、酒吧和販售音樂劇特價票的售票亭，十分熱鬧。

攝政街商圈
www.regentstreetonline.com / ➡ Piccadilly Circus地鐵站

牛津街商圈
oxfordstreet.co.uk / ➡ Oxford Circus地鐵站

英國折扣季節好好買

檔期	日期	備註
冬季折扣季	12/26～1月中	規模最大，價格最低！
情人節	2月	折扣商品已剩不多，但是為情人節推出的特惠可以看看
春季折扣／母親節	3月	英國母親節沒有固定日期，是復活節3週前的某個星期日
復活節	4月	復活節沒有固定日期，每年春分後的第一個星期日
國定休假日	5月	隨銀行休假日會搭配一些折扣
夏季折扣季	6月～7月	夏季折扣規模僅次於冬季折扣，也是非常好的消費時機
國定休假日	8月	隨銀行休假日會有部分折扣
秋季折扣／黑色星期五	11月	黑色星期五的折扣也很好，從電器到衣物都可能有折扣

熱門市集

想深入認識倫敦當地人的生活文化，除了一般觀光行程，絕對不能錯過跳蚤市場，這些二手物品或個人收藏可是挖寶、撿便宜的最佳去處！

波多貝羅市集

波多貝羅市集(Portobello Road Market)是世界最大古董市集之一。週六為主要集市日，各式攤販、店家都有，包括蔬果、熱食、服飾、紀念品、古董等等。週五為第二熱鬧，而週日則有跳蚤市場。

www.portobelloroad.co.uk / ➡ Notting Hill、Ladbroke Grove地鐵站

紅磚巷市集

週日最熱鬧的紅磚巷市集(Brick Lane Market)，有最道地的印巴餐廳和到處可見的塗鴉藝術，塗鴉時常更新。Brick Lane這一帶儼然就是個商業集散地，除了餐廳、飲食攤，也有許多特別的商店，欲查詢更多資訊可前往Upmarket網站。

www.sundayupmarket.co.uk / ➡ Shoreditch High Street地上鐵站，Liverpool Street地鐵站

肯頓市集

充滿許多龐克風格的衣飾及塗鴉，是肯頓市集(Camden Market)的特色之一。肯頓市集範圍相當大，由幾個市集購成一個大商業區，主要包含水門市場(Camden Lock Market)、馬廄市集(Stable Market)等，有眾多店家、餐館，也不乏熱食攤商和手工藝品文創店，非常多元。

http www.camdenmarket.com / ➡ Camden Town地鐵站

哥倫比亞花市

鮮花是英國人日常生活不可缺少的調劑品，從不管多小間的超市都會賣花這點就知道花對他們來說多重要了。哥倫比亞路上的花市(Columbia Road Flower Market)彷彿城市中的綠洲，所有園藝相關用品從小盆栽到3公尺高的香蕉樹都有販售。這條街由60間獨立有特色的商店組成，有畫廊、古著店、古董店、珠寶店，還有很多很棒的酒吧、咖啡館和餐廳等等。週日還有許多陶瓷器碗具或小吃出來擺攤。

中午過後，花卉數量種類就開始減少，商家展開清倉大拍賣，是撿便宜的好時機。即使你是來旅遊無法把鮮花帶回去，來這裡看看各式當季盛開的美麗花朵和充滿活力的市場，也是個相當有趣的經驗喔！

http www.columbiaroad.info / 每週日08:00～15:00 ➡ Hoxton地上鐵站

博羅市集

博羅市集(Borough Market)位在倫敦知名地標碎片大廈(The Shard)旁，距離倫敦塔橋(Tower Bridge)也僅需15分鐘步行時間，是倫敦最大的食品市場之一，約有1千年歷史，非常悠久。推薦午餐時間過來逛一逛、用個餐，這裡除了販賣新鮮蔬果、醃製食品、起司等，也有許多熱食可選。

http boroughmarket.org.uk / 週一休市。主要營業時間09:00～17:00，週六較早開始，週日較早休息 / ➡ London Bridge地鐵站

Capital Car Boot Sale

倫敦最具代表性的二手市集。深受年輕族群喜愛，上過不少媒體。商品以二手服飾最多，但是復古家具、擺飾，或是精美古董桌椅也不少。此外，這裡幾乎全年開放，並設有室內區，即使是冬季或下雨天，也能盡情地挖寶。

http www.capitalcarboot.com / The Pimlico Academy, Chichester Street Entrance, Lupus Street, Pimlico, London, SW1V 3AT / 10:15入場£7，11:30後入場£1 / 週日10:15～14:30 / 休 復活節、聖誕節及跨年 / ➡ Pimlico地鐵站

史匹托菲德爾市集

史匹托菲爾德市集(Old Spitalfield Market)，因為靠近倫敦金融區，所以成為上班族購買午餐的好去處，這裡有許多熱食攤販，不管是在地的、異國的、亞洲的或台灣的美食都找得到，例如紅豆餅。市集每天都有營業，約早上10點開始，約傍晚5～6點閉店。

http www.spitalfields.co.uk、oldspitalfieldsmarket.com / ➡ Liverpool Street地鐵站，Shoreditch High Street地上鐵站

Battersea Car Boot Sale

倫敦最早創立的二手市集，規模比Capital Car Boot Sale更大，除了服飾外，古董家飾或廚具等攤位也很多。這裡的攤位租金比一般二手市集高，相對的，出售的物品大多是較具價值的古董，品質也比較精美。每週日人潮洶湧，想挖寶的人最好早點出門。

▲攤販都隨意陳列，一定要耐心仔細挑才會找到寶

http www.batterseaboot.com / ✉ Harris Academy, 401 Battersea Park Road, London SW11 5AP / $ 12:00入場£5，12:30入場£3，13:30後入場£1 / ⏰ 每週日13:30～17:00 / ➡ Queenstown Road、Battersea Park火車站

Sunbury Antiques Market

近40年歷史，全歐洲首屈一指的古董市集。主要集市地位在倫敦外圍的Kempton Park，場地很大，有超過700個攤位，沒有花上半天是逛不完的，空間分成室內外，室內以珠寶、瓷器和古董服裝為主，室外主要是大型家具，品項包羅萬象，各種時代的風格應有盡有。另有設於Sandown Park以及Wimbledon的場地，大部分賣家到了中午就會陸續收攤，想挖寶要早一點去。

http www.sunburyantiques.com / $ 08:00後免入場費，之前£5 / ⏰ 每月第二、第四個週二(12月除外)06:30～14:00 / ➡ Kempton Park火車站

圖片提供／Sunbury Antiques Market

Classic Car Boot Sale

倫敦規模最大的復古車市集，與一般二手市集不同的是，參加的攤販都是古董車。前來參與的民眾與攤主們都精心打扮成復古風。現場也有餐車、DJ與音樂，還可以欣賞表演或觀看古董車展覽，彷彿參加一場復古派對。

http www.classiccarbootsale.co.uk / ✉ Granary Square, King's Cross, London, N1C 4UG / $ £6 / ⏰ 10:00～18:00，舉辦日期不定，依官網公布 / ➡ King's Cross St. Pancras地鐵站

採購英國知名品牌

當地流行品牌

英國除了有BURBERRY、Paul Smith、Vivienne Westwood這些眾所周知的國際精品之外，其實當地還有非常多廣受歡迎的品牌，風格各有特色。

Beara Beara

倫敦獨立設計品牌，創立於2012年，主要商品有手工製作的真皮復古風格後背包、肩背包以及手提包。每一個包包都是手工縫製的，許多歐美時尚部落客常常介紹這個牌子。

照片提供／BearaBeara

英國流行品牌一覽

人氣品牌	Ted Baker、Superdry、All Saints、Oasis、Top Shop、Miss Selfridge、Next、Primark
保養品牌	The Body Shop、Boots、NYR、Holland & Barrett、Jo Malone
時尚精品	Burberry、Barbour、Alexander McQueen、Paul Smith、Pringle、Mulberry、L.K. Bennett
流行飾品	Vivienne Westwood、Monsoon、Cath Kidston
各式鞋款	Hunter、Clarks、Dr. Martens、OFFICE
家飾家具	habitat、Heal's、The Conran Shop
嬰幼兒與玩具	Mamas & Papas、Hamleys、JoJo Maman Bébé

Barbour

創立於1894年，原是為水手提供兼具防水與保暖性能的油布夾克，因為性能絕佳，既耐穿又禦寒而聲名大噪。備受英國皇室、名流及歐美時尚名人喜愛，更榮獲3張皇室御用認證。

Cambridge Satchel

俗稱劍橋包，耐用耐刮，又不失個人風格，可以背出學院風、休閒風，或是上班風等，百搭實用，重點是價格並不會遙不可及。

Floris

頂級香水品牌，於1730年創立，為英國歷史最悠久的香水製造商，更是英國皇室御用，代表其高雅品質與無可挑剔的製造技術受到肯定。

行家祕技　英國已取消所有退稅點

英國大部分物品的增值稅為20%。自2021年1月1起，英國政府取消了所有的退稅點，機場的免稅購物也一併受到影響，目前唯一的退稅服務，需要在店內購買後，直接寄送到海外地址，相關配套政策請直接詢問店員。

除了取消境內退稅外，由於英國也不再屬於歐盟，如果行程包含了英國以及其他歐洲國家，請記得將在其他國家購買的物品辦理好退稅再入境英國。脫歐後，在退稅部分受惠的族群大概是英國留學生或是英國住民，因為從此到其他歐洲國家旅遊時就有符合退稅規定了。

Outlets暢貨中心

無論是國際精品服飾或平價運動、家飾、保養用品等品牌，幾乎都能在過季暢貨中心找到。欲更多了解退稅者，可以直接向店家詢問，但前提是貨品要直接寄送海外地址才符合退稅規定。

請注意 各購物中心營業時間視假期更動，依官方公告為準。

London Designer Outlet

位在倫敦的4區，從市中心搭地鐵或火車即達。集合眾多最受歡迎的平價潮流品牌以及運動品牌為特點。

www.londondesigneroutlet.com / Wembley Park Boulevard, Wembley HA9 0QL / 10:00營業（週日11:00），結束時間19:00～21:00不等，休息日12/25 / Wembley Stadium火車站，Wembley Park、Wembley Central地鐵站

Burberry Factory Outlet

1856年由Thomas Burberry所創立的同名品牌Burberry，是英國最知名也最能代表經典英倫風情的時尚精品，品質更獲頒英國皇室認證肯定。位於倫敦第二區Burberry暢貨中心是淘寶的好地方。

29-31 Chatham Place, London E9 6LP / 週一～六10:00～18:00，週日11:00～17:00，冬天早一個小時結束 / Hackney Central地上鐵站

Cheshire Oaks Designer Outlet

位於Chester，靠近曼徹斯特(Manchester)和利物浦(Liverpool)。店裡販售國際與英國品牌精品、運動休閒品牌，品牌相當多，更是歐洲第一間Designer Outlet。

Cheshire Oaks Designer Outlet / Kinsey Road, Ellesmere Port, South Wirral CH65 9JJ / 平日10:00～18:00、週六09:00～21:00、週日10:00～18:00 / Ellesmere Port火車站

Livingston Designer Outlet

蘇格蘭最大的過季購物中心。除了常見的精品與英國品牌，還有較少出現在其他購物中心的蘇格蘭產品。

www.livingston-designer-outlet.co.uk / Almondvale Avenue, Livingston, Scotland EH54 6QX / 週一～六09:00～18:00（週四至20:00），週日10:00～18:00 / Livingston South火車站，轉乘計程車或公車

Paul Smith Outlet

Paul Smith是英國年輕人喜愛的時尚潮流品牌。這家Outlet就在倫敦市區內，一般都在原價的5～7折，折扣季前夕會降到原價的4～5折，出清時更下殺到1～2折，喜歡的人千萬不要錯過這撿便宜的好機會。

www.paulsmith.com/uk / 23 Avery Row, Mayfair, London W1K 4AX / 週一～六10:30～19:00，週日12:00～18:00 / Bond Street地鐵站

Bicester Village Outlet

位於牛津郡，由倫敦或伯明罕搭火車僅約1小時，網羅各大品牌，為最受遊客歡迎的購物村。

www.bicestervillage.com / 50 Pingle Drive, Bicester, Oxfordshire OX26 6WD / 營業時間時間經常異動，請參見官網 / Bicester Village火車站

貼心小提醒

英國購物小撇步

- 把握在購物季採購，會是最划算的，如暑假期間以及聖誕節。
- 店家退貨非常方便，不必擔心會被刁難，但一定要持有發票才能退貨。
- 購物時請記得自備購物袋，通常不免費提供袋子。

玩樂篇
Sightseeing

到英國 哪裡最好玩？

英國幅員廣大、歷史悠久，有許多天然的、具歷史紀念價值的景點可賞，
不管是參加城市一日遊或數日遊套裝行程，都能一覽英國的各種風姿。

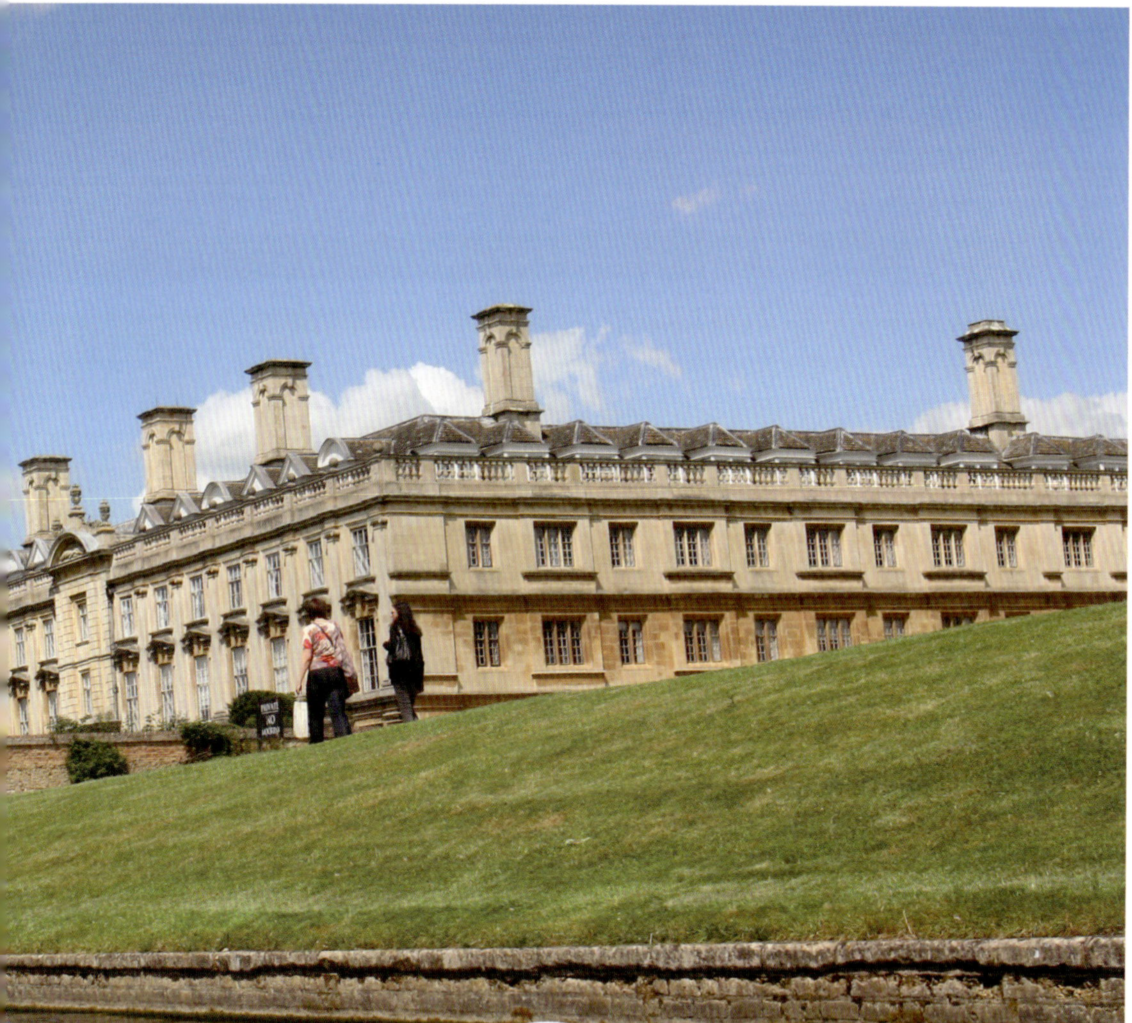

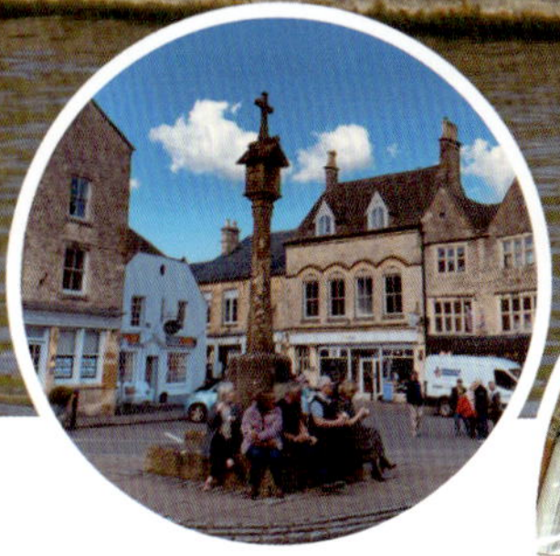

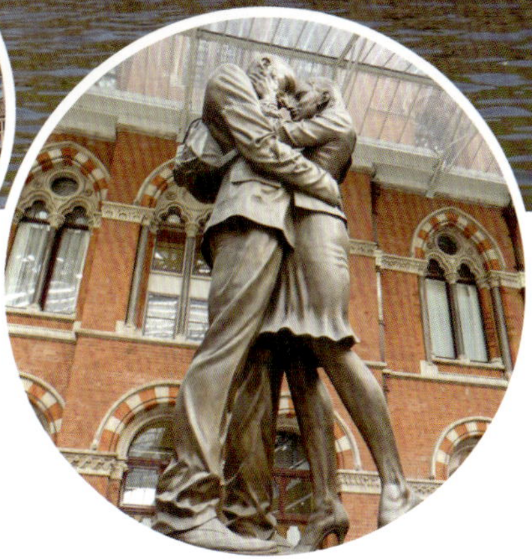

套裝行程與觀光票券

在英國搭乘大眾運輸旅遊，大部分都算是相當方便的，不過自助旅客如果不想自己規畫行程，又希望能認識各大經典景點，可以參加一日團或搭觀光巴士，都會有景點導覽介紹，是懶人的好幫手。另外，有些地方如果自己搭乘大眾運輸會耗費太多時間，並不是很方便，例如科茲窩、高地及巨石陣等，這些熱門的旅遊點，如果參加導覽團可以省下不少交通時間。

市區露天觀光巴士1日遊

熱門的觀光市鎮常有上層是露天的觀光巴士。這種巴士買一張票可以搭一整天(或是24小時之內有效)，路線基本上涵蓋了全部重要景點，讓你依照自己的行程安排隨時上車下車，是種極方便的一日遊交通選擇，同時還能省去事先尋找景點的麻煩。

觀光巴士的車站站牌和市區公車的站牌很像，只是顏色不同。有時候也會寫在同一個站牌上。

▲天氣好時不妨搭露天觀光巴士遊倫敦

英國觀光巴士這裡查

Tootbus(原The Original Tour)
http www.tootbus.com/en

City Sightseeing
http www.city-sightseeing.com
營運網廣布英國和歐洲60餘個市鎮。

蘇格蘭高地旅行團

為了讓更多人領略蘇格蘭高地的美景，當地發展出相當有規模的當地旅行團(Local Tour)。這些旅行團大多從愛丁堡(Edinburgh)或格拉斯哥(Glasgow)出發，行程短至1～3天、長至7～9天以上，端看內容的深入程度與行程的遠近而定。這些行程是以小巴士為交通工具，司機兼導遊沿途講解，住宿地點以青年旅館為主，用餐可能是大家一起開伙，也可能直接跟旅館購買，聽起來是不是很像自強活動啊？

▲Haggis高地團小巴

蘇格蘭旅行團這裡查

參加這類旅遊的人多半是青年背包客，並非豪華旅遊行程，可向落腳飯店或旅遊資訊中心詢問相關資料。

http Haggis：www.haggisadventures.com
http Rabbies：www.rabbies.com
http Timberbush：www.timberbush-tours.co.uk

豆知識
當地旅行團名詞解釋

Kitty：外加的食宿費用，若要自理則不用付這筆費用。

Jump On Jump Off：可在該旅行團停留的幾個定點脫團，自己多玩幾天，再跟之後的團繼續行程。如果要這麼做，報名時可先告知旅行公司。

倫敦Groupon一日團

從倫敦跟團的好處就是不用研究麻煩的交通，還有導遊帶著你玩特定地點。Groupon不定期會有不同特色的旅行團，有從倫敦發車到科茲窩1日遊，也有倫敦市內的旅遊，例如景點拍照教學團、腳踏車遊倫敦團等，如果有興趣的話可以上去搜尋看看。

www.groupon.co.uk

兩大觀光優惠

2 For 1：國鐵局買一送一

為了鼓勵民眾使用國鐵，英國國鐵推行了多年的景點買一送一(2 For 1)，雖然這項優惠涵蓋英國許多地區、城市的重要景點，但是以倫敦的景點為最多，包括倫敦塔橋、倫敦眼、西敏寺、倫敦動物園、倫敦塔、聖保羅大教堂、肯辛頓宮、倫敦地牢、蠟像館、邱園等，所以在倫敦使用特別划算。或許因為太划算了，近年來有些景點不直接送第二張票，而僅提供優惠票價，有些則僅在特定季節提供折扣。

在2 For 1官網上的各景點介紹頁都有領取優惠的詳細說明。主要有兩種方式：①在2 For 1官網下載優惠券，旅遊當日持優惠券及有效火車票在景點現場購票。②在2 For 1官網事先訂票，旅遊當日需持有效車票供檢查。

www.daysoutguide.co.uk

■何謂2 For 1 London的有效車票？

① 必須是前往倫敦的國鐵火車票。單程票當天可使用2 For 1，來回票則在該段時間之內都可以使用。

② 必須是由國鐵局發行的倫敦旅遊卡。國鐵局和地鐵局都能發行倫敦旅遊卡(London Travelcard)，為了避免搞混，可直接到大火車站的售票櫃檯購買。

③ 票券上必須印有國鐵雙箭頭標誌。

▲官網可查詢所有景點優惠詳情

貼心小提醒

紙本車票請注意

由於使用2 For 1必須同時出示車票，持紙本車票搭火車時最好走人工通道離開，否則車票一旦被閘口收回就沒有憑證了。請注意，所有地鐵線、希斯羅機場快線以及伊莉莎白線火車都不屬於國鐵火車。

在其他城鎮使用2 For 1

規定大同小異，必須持有前往該地的有效車票，例如使用華威城堡(Warwick Castle)的國鐵局優惠，需有前往華威車站的車票。

2 FOR 1線上訂購Step by Step

www.daysoutguide.co.uk

Step 1 搜尋喜歡的景點

進入官網，搜尋喜歡的景點。**請注意**2 FOR 1不只在倫敦有！搜尋倫敦景點選「London Days out」，倫敦以外景點選「UK Days Out」。

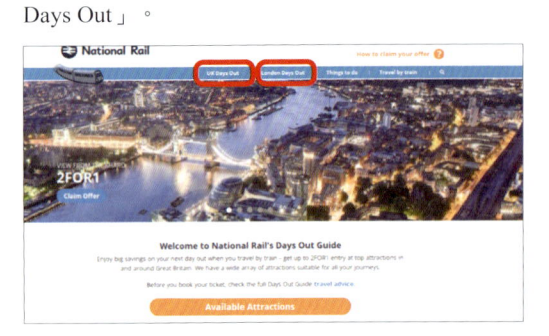

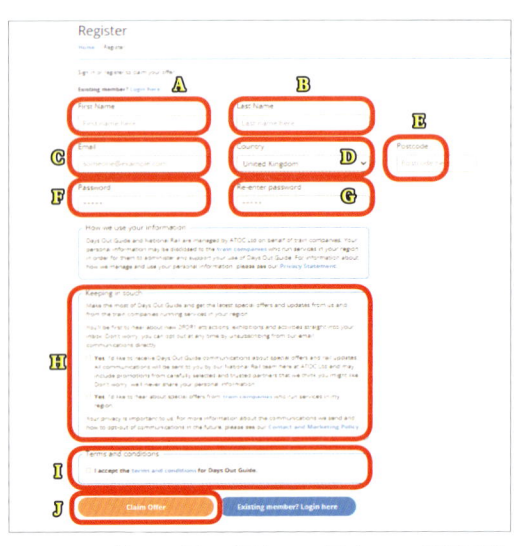

A. 名 / B. 姓 / C. 電子郵件 / D. 國家 / E. 郵遞區號(點選台灣以後，這一項會消失) / F. 設定密碼 / G. 再次輸入密碼 / H. 是否要接收Days Out Guide的優惠提醒、或是火車公司的優惠提醒。不希望接收者請勿打勾 / I. 打勾接受條款 / J. 使用優惠

Step 2 輸入詳細資訊

選定好景點，輸入行程相關資訊：人數(People)、預定前往景點日期(Date)、出發的車站(Station)，接著按BUY ONLINE。

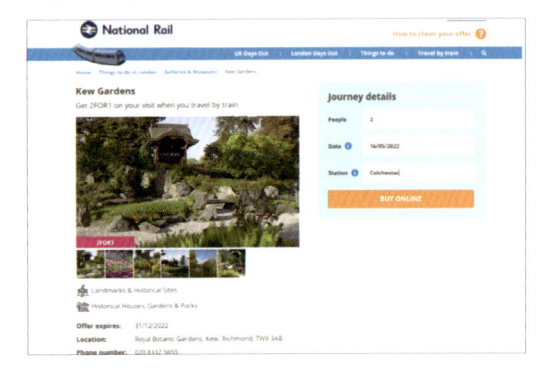

Step 3 註冊或登入

如是新用戶，請依照指示填寫個人資料，完成後按下Claim Offer。舊用戶直接按Login here即可。

Step 4 取得折扣碼

成功登入後，便可以取得折扣碼，請寫下來或是複製下來，接著按Book Now。

Step 5 前往景點官網訂票付款

2 FOR 1網站會將頁面導向景點網站，每個網站的付款頁面不盡相同，但僅需依照指示輸入日期、時間、購票數量以及折扣碼，最後檢查價格是否正確，即可安心付款。

倫敦通行證 London Pass

倫敦物價高昂，雖然免費景點相當多，但付費景點的門票幾乎都高得嚇人！知名大景點的門票一般落在£20～£30左右，有的甚至超過£30，幾個景點逛下來，不免有種大傷荷包的感覺，而且大景點通常買票需要排隊、入內也要再排隊，非常耗時。如果預計參觀多個付費景點，建議購買倫敦通行證，不僅可節省旅費，也省去排隊買票的時間，一舉兩得。

購買的天數越長，每日平均花費就越低，例如購買最受遊客歡迎的2日或3日票，每天至少安排3個景點就會划算。

www.londonpass.com，查詢涵蓋景點：www.londonpass.com/london-attractions

	票種及詳細說明
票種	有分1、2、3、4、5、6、7日和10日。
票卡類型	倫敦通行證現在不發行實體卡，但是網路購買後，也可以選擇自行列印通行證以備不時之需。
票價	分為成人和小孩(5～15歲)兩種。成人1日票原價£114(每日£89)、2日票原價£159(每日£79.5)、3日票原價£179(每日£59.7)。
使用效期	連續計算，自首次使用進入景點時起算，一旦啟用必須連續使用，無法分開。例如購買3日的通行證，週一啟用後，有效只到週三，週四即逾期。
優惠內容	■超過90處景點、名勝、博物館，每個景點限使用1次 ■在指定景點享免排隊特權，充分節省時間 ■免費搭乘觀光巴士(Hop-On Hop-Off)暢遊倫敦景點1日 ■部分指定景點有特殊小優惠 ■附贈旅行指南1本，提供景點相關訊息及提醒 ■附贈多國語言導覽書 ■90日內全額退款保證(限未使用票卡者)
購買方式	官網、KKday、Klook等。各平台優惠不同，建議先比價後再下手。

行家祕技：善用旅遊資訊中心

英國不論大城或小鎮，幾乎都設有旅遊資訊中心(Information Center)，旅遊資訊中心的招牌是一個「i」。倫敦有多個旅遊資訊中心，大部分都設在大眾交通工具易達之處，甚至就位在火車站旁邊。

旅遊資訊中心提供以下服務
■ 提供簡易地圖與交通資訊。
■ 介紹當地與周邊旅遊景點，及可參加的當地觀光行程。
■ 代訂住宿，酌收少許手續費。
■ 販售相關旅遊書籍、紀念品。
■ 某些旅遊中心也販售鄰近地區的交通票券。

倫敦大眾交通站附近的旅遊資訊中心

名稱	地點
Piccadilly Circus	皮卡地里圓環地鐵站內
Victoria	維多利亞火車站第8月台對面
King's Cross	國王十字地鐵站內

倫敦旅遊資訊中心：www.visitlondon.com
倫敦交通資訊24小時專線：034-3222-1234

英國必訪城市

溫莎 Windsor

除了著名的溫莎城堡，還有歷史悠久的伊頓中學(Eton College)，以及溫莎樂高樂園(Legoland)，火車站附近就有接駁公車，網路預訂可享優惠，或是使用國鐵局2 For 1優惠也很划算。

溫莎樂高樂園
- www.legoland.co.uk
- Winkfield Road, Windsor, Berkshire SL4 4AY

溫莎城堡 Windsor Castle

- www.royalcollection.org.uk(點選Visit→Windsor Castle) / Windsor Castle, Windsor, Berkshire SL4 1NJ / Windsor & Eton Central Station火車站 / 詳細時間以官網公告為準

溫莎城堡(Windsor Castle)直至目前仍為皇室的宅邸，女王與家族成員也會來此度過週末。由倫敦搭火車約半小時，哥德式建築的禮拜堂與珠寶珍藏都很值得觀賞；尤其來自世界各國贈與的娃娃屋最具人氣。還有衛兵交接儀式，原則上都在11點舉行，但每週舉行日期經常改變，建議行前確認官網資訊。

城堡內提供免費語音導覽，包含中文總共有9種語言，內容十分豐富，推薦大家一定要租借。

劍橋 Cambridge

劍橋常為跳脫繁忙倫敦的一日遊首選。文學氣息濃厚的劍橋，由多數學院所組成，其中莊嚴肅穆的國王學院和禮拜堂，是熱門景點。當然，到劍橋撐篙(Punting)漫遊康河(River Cam)，是拜訪劍橋不可錯過的活動，沿途可見諸多學院特色建築與花園。撐篙公司的價格與行程稍異，可多比較。

參觀熱門學院需買票

▲ 劍橋帥哥撐篙

貼心小提醒

冬季參訪景點前，務必先確認官網

由於英國冬天的天氣狀況不佳，有些景點會在冬天關閉，尤其是位於鄉村的莊園，行前請記得先確認官網資訊。

三一學院
Trinity College

🔗 www.trin.cam.ac.uk/about/public-opening-hours

　　學院的創始人為亨利八世，因此在大門上就可見其雕像。而門口的「牛頓蘋果樹」也是拍照景點之一，據說是由牛頓老家嫁接過來的。

皇后學院
Queen's College

🔗 www.queens.cam.ac.uk/visiting-the-college/tourist-information

　　劍橋皇后學院著名的數學橋(Mathematical Bridge)，相傳最早為學生利用結構力學而不用釘子搭建的木橋，是康河上最受注目的景點。

國王學院
King's College

🔗 www.kings.cam.ac.uk/visit/your-visit

　　國王學院的禮拜堂，在國王學院扮演著核心角色，並有著聞名世界的窗花和世界最大扇形拱頂。這座禮拜堂起建於1446年，經歷一世紀才完成。在每年聖誕夜，更有數百萬人透過廣播參與禮拜堂的直播。

So Easy! Traveling in United Kingdom — 玩樂篇

聖約翰學院
St John's College

🔗 www.joh.cam.ac.uk/visiting

聖約翰學院的嘆息橋和義大利威尼斯的嘆息橋相似，據說是學生期末考夜讀壓力的嘆息聲在學院建築中迴盪而得名。

老鷹酒吧
The Eagle

🔗 www.eagle-cambridge.co.uk / ✉ Benet Stree, Cambridge CB2 3QN / @ hello@eagle-cambridge.co.uk / 🕐 11:00營業至22:30～24:00

經常一位難求的老鷹酒吧，因科學家在此公開發現DNA基因而聲名大噪。天花板上有許多煙燻痕跡，是大戰期間人們在此高談闊論、紓解壓力時，利用香菸熱燙所留下的痕跡。

▲老鷹酒吧內部古色古香

牛津
Oxford

牛津的英文原意為，牛群經過的淺灘，是因為此處原為不深的水流匯集地。在牛津各學院都有自己的風格，尤以基督教堂書院(Christ Church)、默頓書院(Merton)、瑪格達倫學院(Magdalen)最著名。基督教堂書院培育出10多位英國首相，與劍橋的三一學院並稱在地貴族學校。出身於基督書院的路易斯·卡羅(Lewis Carroll)更將生活奇想創造出世界級兒童文學巨作《愛麗絲夢遊仙境》(Alice's Adventures in Wonderland)，讓牛津成為童話故事的發源地之一。《哈利波特》電影更在基督書院的廳堂和階梯取景，吸引世界無數影迷一探究竟。若安排牛津兩日行，還可安排近郊、素有英格蘭最美官邸之稱的布倫海姆宮(Blenheim Palace)漫遊。

布倫海姆宮
Blenheim Palace

🔗 www.blenheimpalace.com / ✉ Blenheim Palace Woodstock, Oxfordshire OX20 1PP / 🕐 開放時間依季節有所不同，詳見官網

布倫海姆宮是唯一英國非皇室住宅，卻被稱為宮殿的私人官邸。它為英國前首相邱吉爾爵士的家族所有，也是邱吉爾的出生地。現在則為許多場面浩大的宮廷劇或名流派對的首選地。

▲美麗的布倫海姆宮內部

基督教堂書院
Christ Church

🌐 www.chch.ox.ac.uk / 💲時有變動，請查詢官網(點選Visitors→Tickets and Prices) / 🕐時有變動，請查詢官網(點選Visitors→Opening Times)

基督教堂書院的湯姆塔(Tom Tower)是最初建校學生集合鐘響的精神象徵；大廳廊(The Great Hall)目前為學生食堂，但最為遊客瘋狂的是哈利波特拍攝的景點，由於開放時間與票價隨時異動，建議參觀前先至官網確認。

▲基督教書院的大廳廊

▲基督教堂書院的湯姆塔

愛麗絲商店
Alice's Shop

🌐 aliceinwonderlandshop.com / ✉ 83 St Aldates, Oxford OX1 1RA / 🕐依季節營業時間略有不同，主要營業時間為10:00～17:00 / 🚫 12/25～26

位於基督教堂書院對面的愛麗絲專賣店雖然不大，但卻獨賣許多特色商品。舉凡小小的徽章、文具，或專業的繪本叢書、家飾用品等，都能吸引愛麗絲迷一探究竟。

嘆息橋
The Bridge of Sighs

哈佛德學院(Hertford College)有座連接學院南北新舊兩棟大樓的哈佛德橋(Hertford Bridge)，是座坐落在路面的人行橋，由於貌似威尼斯的嘆息橋，因此也被稱為嘆息橋。

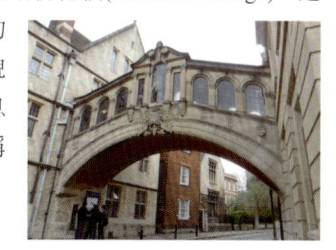

♥ 貼心 小提醒

依循學院官方路線參觀

劍橋與牛津兩個著名的大學城，是英國的至高學府，除了遇到考試期間會暫時關閉之外，一般都開放給遊客參觀，僅收取少許參觀費用。需要注意的是，參觀時必須遵循固定的路線，不是所有地方都可以隨意進入。

巴斯 Bath

巴斯是英國最古老的城鎮之一，據傳於西元43年羅馬人就在此建城，被聯合國教科文組織列為世界遺產重要城市，著有《傲慢與偏見》、《理性與感性》的知名女作家珍‧奧斯汀(Jane Austen)曾在此居住，雖然上流社會的奢華景象讓她對巴斯感到厭倦，卻也寫下許多經典作品。

▲巴斯修道院

羅馬浴池 The Roman Baths

🔗 www.romanbaths.co.uk / ✉ Roman Baths, The Pump Room, Abbey Church Yard, Bath, BA1 1LZ / ⏰ 每月時有變動，請查詢官網

羅馬浴場是非常古老的建築，浴池部分建於羅馬時代，至今每天仍會湧出約46度的礦泉水，為巴斯最重要的建築文化資產，也是世界上保存最好的羅馬遺跡之一。可租借語音導覽，共12種語言，包括中文。

史前巨石 Stonehenge

🔗 www.stonehenge.co.uk / ✉ Amesbury, Wiltshire SP4 7DE / ⏰ 詳細時間以官網公告為準(依季節活動調整) / ➡ 搭乘火車至Salisbury站，再轉搭Stonehenge Tour巴士到巨石陣遊客中心，巴士車程約30分鐘(從倫敦搭火車至Salisbury站，車程約1.5小時)

盛名遠播的史前巨石群位於巴斯近郊，由幾十塊巨石圍成一個大圓圈，其中有些石塊高達6公尺，傳說具有很大的磁場及神祕的力量，尤其在日出時，氣氛會更顯神祕，估計已在此矗立了幾千年之久。

行家祕技：巨石陣穿越封鎖線特殊門票

一般的巨石陣觀光團只能從遠處拍照，只有購買穿越封鎖線特殊門票(Stone Circle Access Experience Visit)的人，才能近距離一探究竟。**請注意**此門票沒有包含交通，購票者需自行前往。

💲 成人£61，5～17歲£37，5歲以下免費

▲線上訂特殊門票

照片提供／English Heritage

皇家新月樓
Royal Crescent

🔗 no1royalcrescent.org.uk / ✉ No. 1 Royal Crescent, Bath BA1 2LR(位於巴斯市中心) / ⏰ 詳細時間以官網公告為準

皇家新月樓的完美對稱連棟建築，曾有許多名人居住。No. 1 Royal Crescent博物館位在皇家新月樓門牌1號，開放大眾參觀，館內還原1776～1796年巴斯當代的流行生活，有家飾、掛畫及各式物件，走進室內便彷彿回到了過去。

莎莉露麵包店
Sally Lunn's

🔗 www.sallylunns.co.uk / ✉ 4, 4 N Parade Passage, Bath BA1 1NX

莎莉露百年麵包店賣的圓麵包細緻鬆軟，簡單的風味樸實美味，不論奶油果醬口味或煙燻鮭魚口味都很好吃，經常一過中午就銷售一空。

麵包店本身也是巴斯最古老的建築之一，很有看頭，地下室設有小型博物館，展示出土的地基，並重現當年烘焙的場景。

▲燻鮭魚麵包

科茲窩
The Cotswolds

全區擴及英格蘭5個郡，最北到斯特拉福(Stratford-upon-Avon)，南邊界至巴斯，東邊界至牛津，西邊則到斯特勞德(Stroud)。主要由蜜糖色石砌房屋蓋成的小村莊，以及連綿的山丘組成，儼然一幅最美的風景畫。

由於小鎮較為分散，建議先查好當地公車時刻，要特別注意的是，通常公車週末的班次較少，甚至停駛。也可自駕，或是參加由巴斯或倫敦等地出發的科茲窩1日旅遊團。

🔗 www.cotswolds.com／1日旅遊團：www.madmaxtours.co.uk、www.liontours.co.uk、www.premiumtours.co.uk

▲蜜糖色石砌房屋和經過特殊修剪的茅草屋頂是科茲窩的建築特色

▲科茲窩模型村

熱門路線與城鎮

科茲窩有兩條羅曼蒂克大道，今日之路與明日之路，皆由卻特罕(Cheltenham)出發，分別繞行南北科茲窩，穿越風格不同的傳統小鎮，是著名旅遊路線。此外，還有成排石造房的拜伯里(Bibury)、獲小威尼斯之稱的水上波頓(Burton-on-the-Water)、以花藝和磨坊聞名的史拉夫特(Slaughter)、高地史杜(Stow-on-the-Wold)，以及克姆堡(Castle Combe)等都是人氣小鎮。

行家祕技 如何前往科茲窩的中心小鎮

從倫敦搭火車前往

如搭乘大眾運輸從倫敦出發，可以選擇搭到以下兩個科茲窩的火車站，抵達科茲窩之後，再搭當地的公車移動觀光：

- 莫頓因馬什站 (Moreton-in-Marsh)：從倫敦帕丁頓站 (London Paddington) 搭直達車，前往莫頓因馬什，中途會經過牛津，全程約1小時30分鐘
- 肯布爾 (Kemble)：從倫敦帕丁頓站搭直達車，前往肯布爾，全程約1小時12分鐘

科茲窩交通優惠票

抵達牛津或科茲窩一帶後，可購買科茲窩交通一日票 (The Cotswolds Discoverer)，1日內可在科茲窩範圍內，無限次搭乘配套內的火車及公車，一定會比分開購買多張單程票划算。基本上市中心小鎮內都可以隨意使用，甚至包含從牛津往莫頓因馬什站的火車路線。英國各大火車站都有販售，最多可提早7天買票，也可以直接在當地公車上向司機購買，非常方便。

▲此套票目前只能在火車站或是向當地公車司機購買

💰 成人£13，兒童半價，持有特定火車卡(16-25、Senior、Two Together、HM Forces、Disabled Persons Railcard)可再優惠1/3／⏰ 週一～五08:30前不適用搭乘配套的火車路線

▲水上波頓河邊

史特拉福 Stratford Upon Avon

説到世界最知名的劇作家莎士比亞，就不得不提位於亞芳河上的史特拉福。這個保留都鐸式建築的城鎮，是莎士比亞出生、結婚和最後度過晚年的地方，在此的5個重要史蹟都記錄或透露了他當時的家族生活。包含莎士比亞出生地 (Shakespeare's Birth Place)、納許之屋 (Nash's House)、霍爾故居 (Hall's Croft)、安妮海瑟薇故居 (Anne Hathaway's Cottage & Gardens)、瑪莉亞當農場 (Mary Arden's Farm)。

若時間充分，可參觀亞芳河畔的三一教堂 (Holy Trinity Church)，是莎士比亞最後的安所，尤其在天候良好時，河畔為熱門的野餐休憩所。莎士比亞劇迷則不妨事先預訂莎劇在皇家莎士比亞劇院 (Royal Shakespeare Theatre) 或比鄰的天鵝劇場表演，尤其皇家莎士比亞劇院是世界規模最大、表演水準最高的劇團之一，莎士比亞劇碼檔期與票價各異，建議莎迷預先至官網查詢與訂票。高爾紀念公園內則有莎劇最經典的人物雕像。此外，哈佛故居 (Harvard House) 為知名美國學府創辦人哈佛之母親宅邸，可順道規畫參觀。

❓ 霍爾故居和瑪莉亞當農場目前暫不開放一般民眾入內參觀

▲安妮海瑟薇故居雖與其他景點距離較遠，但迷人的景致仍吸引許多遊客

▲ 若時間寬裕，可在此文學重鎮體驗英式下午茶

▲ 都鐸建築為史特拉福的特色之一

莎士比亞中心
🌐 www.shakespeare.org.uk / ✉ Henley St, Stratford-upon-Avon CV37 6QW / 🕐 詳細時間以官網公告為準（依季節活動調整），5處史蹟因經常維護，旅遊前請再次確認開放時間

皇家莎士比亞劇院
🌐 www.rsc.org.uk / ✉ Waterside, Stratford-upon-Avon, Warwickshire CV376BB

三一教堂
🌐 www.stratford-upon-avon.org / ✉ Old Town, Stratford upon Avon, Warwickshire, CV376BG / 🕐 詳細時間以官網公告為準（依季節活動調整）

行家祕技　史特拉福觀光巴士

史特拉福並非所有景點都集中在市中心，想要一天逛完所有景點，又沒有代步車，可以考慮直接搭乘 City Sightseeing 觀光巴士，除了省下做交通的功課，車上還附有導覽。

華威城堡
Warwick Castle

華威城堡是一座保存完善、歷史悠久的城堡，坐落在華威小鎮，距離史特拉福約半小時火車車程。這裡曾是堡壘、鄉間別墅，甚至監牢，連英王愛德華四世也曾囚禁於此，相當具有歷史意義。城堡建在斷崖邊，俯瞰著亞芳河，除了室內展覽豐富，戶外占地也相當廣大，且有豐富的活動，如古裝戲劇演出、老鷹秀、射箭秀、火球秀等，是一個相當適合全家出遊，休閒、娛樂與學習之地。

🌐 www.warwick-castle.com / ✉ Warwick Castle, Warwick, CV34 4QU / 🕐 10:00營業，結束時間不一致，詳請見官網

行家祕技　如何購買華威城堡折扣票

■ **官網線上預購**：最多可有約 7 折的優惠
■ **國鐵局 2 FOR 1**：持當日前往華威火車站的車票以及國鐵局優惠券，可在 2 FOR 1 網站訂購優惠門票。
　🌐 www.daysoutguide.co.uk/warwick-castle
■ **其他不定期 2 FOR 1**：有時候在家樂氏產品的盒子上，或是麥當勞快樂兒童餐的盒子上，都可以取得買一送一的優惠券。

康沃郡 Cornwall

康沃郡位於英格蘭西南部，擁有全英國最棒的海岸線，沿岸有總計超過1,000公里的健行步道，此處也有各種水上活動。西端的聖艾維斯(St. Ives)是藝術家匯集之處，倫敦的泰德美術館在此設有分館(TATE St. Ives)。臨海露天劇場(Minack Theatre)乃利用崖邊岩石打造，每個座位都是獨一無二，夏日音樂劇場與海浪和聲，創造最特別的演出。相距不遠的伊甸計畫(Eden Project)是龐大的生態園，而地角(Land's End)則在英國本島的最西端，有荒野與峭壁景觀。

▲城堡中庭

聖艾維斯：www.stives-cornwall.co.uk
露天劇場：www.minack.com
伊甸計畫：www.edenproject.com
地角：www.visitcornwall.com/places/lands-end

湖區 Lake District

湖區數不盡的大小湖泊是冰河時期的遺跡，在這裡，遊客可搭船遊湖，或從大量的健行路線挑選其一，穿梭於石砌的羊圈中，走上山頂，俯視群湖。初次前往，可從溫德米爾(Windermere)進入。這個觀光鎮設有火車站，也有眾多旅館供選擇，搭公車就能通往附近幾大熱門城鎮。溫德米爾湖是湖區最大的湖。

湖區被譽為英國最大、最美的國家公園，夢幻般的湖光山色，宛如世外桃源。號稱湖區最美的湖為巴特米爾湖(Buttermere)，另外還有許多交通尚算方便的明信片小鎮、市集鎮，如鮑內斯(Bowness)、安布賽德(Ambleside)、格拉斯米爾(Grasmere)、柯尼斯頓(Coniston)、鷹岬(Hawkshead)、凱西克(Keswick)等，還有許多有趣的戶外活動，增添一番風趣。

搭船遊湖

www.windermere-lakecruises.co.uk

湖區最大的湖為溫德米爾湖，飽覽湖光山色最容易的方式就是搭乘遊船，也是湖區的熱門活動之一。溫德米爾湖觀光船配有多種套票，涵蓋不同的地點、不同的遊船時間選擇，從45分鐘到2.5小時，也有1日票；另外還有一種觀光套票，包含了1日公車券以及一趟遊船，很適合第一次到湖區觀光的遊客。購票可至現場售票處，也可以上網預購，節省時間及金錢喔！

健康步行之旅

www.lakedistrict.gov.uk

湖區非常適合健行，有非常多樣的健走路線，不妨安排一些時間，享受這難得的大自然的風光！以下推薦幾條入門等級的熱門散步路線。如果想探索更多路線，可參考湖區國家公園官網，還可以下載語音導覽。

▲健行途中

溫德米爾山丘散步路線 Orrest Head

從溫德米爾遊客中心斜對面的路走上去就可以，這條路遊客多，也有明顯的指標，而且大概20分鐘就可以攻頂賞景！

Hill Top路線

散步到彼得兔作者波特小姐的家。Hill Top與溫德米爾隔著溫德米爾湖，最方便的過湖方式，是搭乘溫德米爾公船(Ferry)，10分鐘就可以渡湖，且每人票價只要£1.1。從公船下船處，就會有Hill Top指標，跟著走大約30～40分鐘即可抵達。

巴特米爾湖環湖路線 Buttermere Walk

這也是一條適合闔家散步的路線，美麗又帶點神祕的巴特米爾湖，可說是湖區的祕境天堂之一，環湖一圈需要1～2個小時。

約克 York

位於英格蘭北部的約克，地處承接倫敦和愛丁堡的重要樞紐，曾經被羅馬人統治過，到了中世紀則是重要羊毛交易市場，也是宗教重鎮。城鎮處處可見中世紀建築以及受保護的羅馬、維京人遺跡，還有舊市區木造房屋與鵝卵石街道、約克城牆(York City Walls)，彷彿進入時光隧道。市中心的肉鋪街(The Shambles)是哈利波特迷的朝聖地。

▲肉鋪街

約克大教堂 York Minster

yorkminster.org / Deangate, York YO1 7HH / 週一～六09:30～16:00，週日12:45～15:15

壯麗的約克大教堂是現存歐洲中古世紀最大哥德式教堂之一，建造時間前後耗時約250年，其東面窗花最為壯觀，是全世界最大、且保存最好的中古世紀彩繪玻璃。

維京中心
Jorvik Viking Centre

www.jorvikvikingcentre.co.uk / Coppergate, York YO1 9WT / 時間多有變動，10:00開始，結束時間依季節不同，15:00、15:30或16:30都有可能 / 12/24～26

由於約克曾被維京民族占領約1世紀，想了解維京人的生活型態，就不能錯過維京中心。

貝蒂茶屋
Betty's Tea Room

www.bettys.co.uk / Plumpton Park, Harrogate HG2 7LD

提到約克茶屋，就屬創立於1919年的貝蒂茶屋最為出名，創辦人原為瑞士烘焙師，因此茶點融合了約克與瑞士的優雅，讓幾乎所有的旅人都想親自感受貝蒂下午茶的溫暖氣息。

英國鐵道博物館
National Railway Museum

www.nrm.org.uk / Leeman Road, York YO26 4XJ / 每日10:00～17:00 / 12/24～26

英國鐵道博物館展示英國最豐富的火車實體與資料，不但免費參觀且為鐵道迷的朝聖地。

威爾斯
Wales

威爾斯的首府為卡地夫是海港重鎮，在海灣沿岸有許多新興現代建築與博物館。從威爾斯到愛爾蘭可搭渡輪前往，由Holyhead港口可達愛爾蘭首都Dublin；由Fishguard或Pembroke港口可達愛爾蘭東南邊的Rosslare。

在威爾斯街頭常見的木雕湯匙紀念品，威爾斯語Llwyau Caru，其意為愛的湯匙，是傳統威爾斯男性傳達愛意的表現，通常女方收到後會掛在牆上當作裝飾。此外，威爾斯的農產品也非常豐富且具有特色，尤其是新鮮的奶類製品、水準極高的黑牛肉和羊肉料理都享有聲譽。

國家公園
National Parks

雪墩國家公園：www.snowdonia-npa.gov.uk
彭布羅克郡海岸國家公園：www.pembrokeshire-coast.wales
布雷康比康國家公園：www.breconbeacons.org
蒸汽小火車：www.snowdonrailway.co.uk

威爾斯有3座國家公園，包含北部的雪墩國家公園(Snowdonia National Park)，內有威爾斯最高峰雪墩山(Mt. Snowdon)；彭布羅克郡海岸國家公園(The Pembrokeshire Coast National Park)，是英國唯一的海岸公園；以及景觀活動豐富的布雷康比康國家公園(The Brecon Beacons National Park)，搭乘著名的蒸汽小火車(Snowdon MountainRailway)可達山頂。

▲布雷康比康國家公園

153 So Easy! Traveling in United Kingdom

玩樂篇

▲卡地夫港邊的威爾斯千禧中心

城堡
Castles

🔗 www.cardiffcastle.com / ✉ Castle St, Cardiff CF10 3RB / ⓘ 原則上從09:00～10:00開放到16:00～18:00 / 休 12/25～26、1/1

　威爾斯(Wales)是英國城堡最密集的地方，南邊的卡地夫城堡(Cardiff Castle)、北部的畢歐馬利斯堡(Beaumairs Castle)、喀納芬堡(Caernafon Castle)、康威堡(Conwy Castle)，都各具特色與歷史意涵。

▲喀納芬堡

▲康威堡

愛丁堡
Edinburgh

　蘇格蘭位於英格蘭的北邊，包含6個主要區域：首府愛丁堡、第一大港與商業中心的格拉斯哥(Glasgow)、濱海大港的亞伯丁(Aberdeen)、蘇格蘭高地城市伊凡尼斯(Inverness)、古蘇格蘭首都(Stirling)。愛丁堡不但是蘇格蘭的古老城鎮，也是當今蘇格蘭的首府、其地位在英國僅次於倫敦。其市中心(新城)和舊城牆(舊城，含皇家哩大道)為世界遺產。每年除夕與藝術節軍樂表演，是最熱鬧的時候。羊毛產品、蘇格蘭裙及威士忌是當地名產。

▲通往愛丁堡城堡

愛丁堡城市地圖

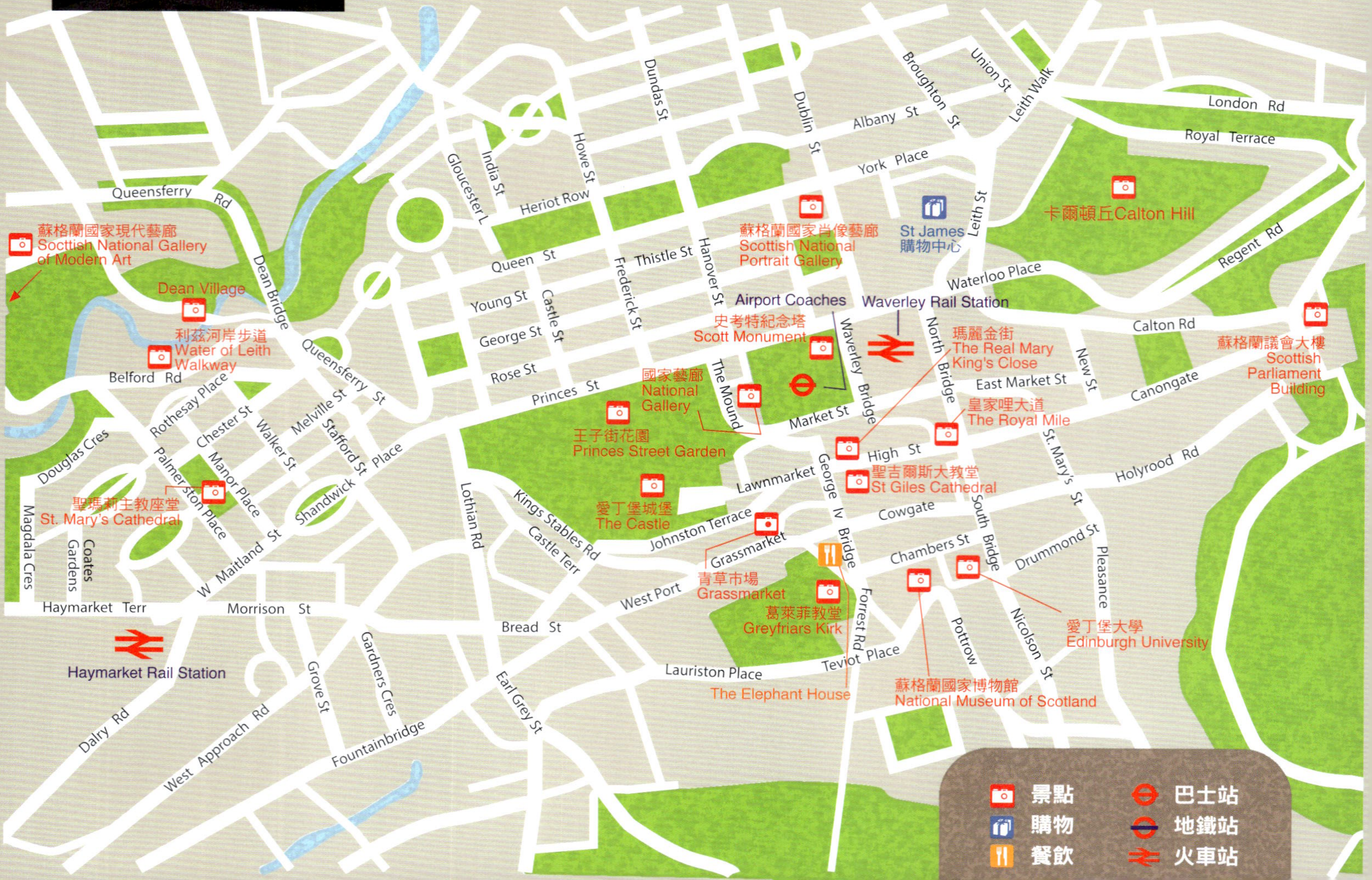

蘇格蘭國家現代藝廊
Socttish National Gallery of Modern Art
Dean Village
利茲河岸步道
Water of Leith Walkway
聖瑪莉主教座堂
St. Mary's Cathedral
Haymarket Rail Station
卡爾頓丘Calton Hill
蘇格蘭國家肖像藝廊
Scottish National Portrait Gallery
St James
購物中心
Airport Coaches
Waverley Rail Station
史考特紀念塔
Scott Monument
國家藝廊
National Gallery
王子街花園
Princes Street Garden
愛丁堡城堡
The Castle
瑪麗金街
The Real Mary King's Close
皇家哩大道
The Royal Mile
聖吉爾斯大教堂
St Giles Cathedral
青草市場
Grassmarket
葛萊菲教堂
Greyfriars Kirk
The Elephant House
蘇格蘭國家博物館
National Museum of Scotland
愛丁堡大學
Edinburgh University
蘇格蘭議會大樓
Scottish Parliament Building
Queensferry Rd
Dean Bridge
Queensferry St
Belford Rd
Rothesay Place
Chester St
Walker St
Melville St
Stafford St
Place
Manor Place
Palmerston Place
Shandwick
W Maitland St
Douglas Cres
Magdala Cres
Coates Gardens
Haymarket Terr
Morrison St
Grove St
Gardners Cres
Dalry Rd
West Approach Rd
Fountainbridge
Earl Grey St
Bread St
Lothian Rd
Kings Stables Rd
Castle Terr
West Port
Lauriston Place
Teviot Place
Forrest Rd
Gloucester L
India St
Heriot Row
Howe St
Queen St
Young St
Castle St
George St
Rose St
Princes St
Dundas St
Frederick St
Thistle St
Hanover St
The Mound
Market St
Waverley Bridge
Lawnmarket
Johnston Terrace
Grassmarket
George Iv Bridge
Cowgate
High St
Chambers St
South Bridge
Pottrow
Nicolson St
Drummond St
Pleasance
St. Mary's St
Holyrood Rd
Canongate
East Market St
New St
North Bridge
Calton Rd
Waterloo Place
Regent Rd
Royal Terrace
London Rd
Leith Walk
Union St
Broughton St
Albany St
Leith St
York Place
Dublin St
景點
購物
餐飲
巴士站
地鐵站
火車站

愛丁堡藝術季／軍樂節

- 愛丁堡藝術季：www.eif.co.uk
- 愛丁堡軍樂節：www.edintattoo.co.uk

愛丁堡一年一度的藝術季裡，最受矚目的就是8月分在愛丁堡城堡內舉行的軍樂表演(The Royal Edinburgh Military Tattoo)。來自世界各地頂尖的軍樂儀隊，以最震撼的鼓聲、吹奏和分列式等等多項變化，讓整個愛丁堡沸騰起來，通常在前一年12月公告日程與開放訂票時，許多精采表演與座席便會搶購一空。若無法參與盛會，在各地或街頭展開的藝術季也能讓人感受到愛丁堡的生命力。

皇家哩大道
Royal Mile

皇家哩大道是愛丁堡觀光最繁忙的一條路，全長大約1英哩，沿途有大量的商店、餐廳，兩端終點分別為愛丁堡城堡，以及國王在愛丁堡的住所——荷里路德宮(Holyrood Palace)。

愛丁堡城堡
Edinburgh Castle

- www.edinburghcastle.scot / Castlehill, Edinburgh EH1 2NG / 成人£19.5、60歲以上£15.5、5～15歲兒童£11.4 / +44(0) 13 1225 9846 / 夏季09:30～18:00、冬季09:30～17:00 / 12/25～26

建於6世紀火山岩頂的愛丁堡城堡，站在城堡上就能俯瞰整個愛丁堡。由於地處要塞，因此城堡裡的收藏展示大多以軍事為主，**請注意**城堡線上購票比現場買票便宜。

城堡前的皇家哩大道石板路與沿途威士忌體驗館或毛料專賣，散發濃厚蘇格蘭風情；城堡下的王子街花園草坡，為天氣放晴時最熱門的休憩場地。花園一角的史考特紀念塔高約60公尺，為哥德式尖塔造型，為紀念蘇格蘭作家Walter Scott爵士而建，是世上紀念作家最高的紀念碑，蘇格蘭風笛吹奏者常在此地表演。

▲史考特紀念塔 　▲威士忌體驗館

▲愛丁堡城堡

蘇格蘭國家博物館
National Museum of Scotland

www.nms.ac.uk / Chambers St, Edinburgh EH1 1JF / 常設展免費，特展各異 / +44(0) 30 0123 6789 / 每日10:00～17:00，12/26以及1/1的12:00～17:00 / 休 12/25

蘇格蘭國家博物館建築為20世紀代表，內部為挑高維多利亞式建築。館內不僅收藏蘇格蘭獨有的考古史料，另包含世界文化例如唐卡文物、藝術與設計收藏，以及自然科學與科技展覽。

最知名收藏之一為複製羊桃莉(Dolly The Sheep)的標本。桃莉於1996年由Roslin研究所出生，是史上第一隻成功複製的哺乳類動物，在人類科學史上為重要也最具爭議的動物實驗。然而，桃莉因早衰與關節炎於2003年過世，製成標本展於博物館內。約3層樓高的千禧鐘(The Millennium Clock)，有著細緻的雕刻零件，並彈奏美妙的樂曲，也是鎮館之寶。由於館內目前正在進行籌畫新展廳，若計畫觀賞特定品項，建議先至官網查詢是否開放參觀。

卡爾頓丘
Calton Hill

www.edinburghguide.com/parks/caltonhill / 坐火車到Waverley站，步行即達

位在愛丁堡市中心東側的卡爾頓丘，是俯瞰愛丁堡的絕佳所在地。山丘上的國家紀念堂(National Monument)原本是用以紀念在拿破崙戰役捐軀的蘇格蘭將士，但因經費不足只蓋了梁柱。紀念亭(Dugald Stewart Monument)則是紀念愛丁堡大學蘇格蘭哲學教授所建。

豆知識
蘇格蘭忠犬巴比

忠犬巴比(Greyfriars Bobby)的故事版本眾多，但多是敘述這條有著濃密捲毛小西高犬，在主人離世後仍每天守墓長達14年直到病逝的故事，是愛丁堡人氣最旺的小狗，雕像在葛萊菲教堂(Greyfriars Kirk)附近，據說摸雕像鼻頭能帶來好運。

蘇格蘭高地
Scottish Highlands

🔗 天空之島：www.isleofskye.com

蘇格蘭高地被稱為世界風景最優美的地區之一，由豐富自然景觀、古老高原和湖泊、小島與神祕古蹟為主；最知名的為夢幻的天空之島(Isle of Skye)。為許多史詩、壯觀或浪漫場景電影的主要拍攝地；除了哈利波特系列電影之外，較為人所知的還有007系列電影《空降危機》(Skyfall)、《新郎不是我》(Made of Honor)等等。

由於旅遊區塊遼闊，因此建議開車或參加愛丁堡出發的旅遊團，才能飽覽高地風情。若對科學之謎有興趣，行程還能安排走訪傳說水怪出沒的尼斯湖(Loch Ness)。高地天氣詭譎多變，晴雨不定，即使夏天仍建議攜帶雨具與保暖衣物。

▲天空之島附近的伊蓮朵那城堡(Eilean Donan Castle)

▲天空之島上最大的鎮波特里(Portree)

▲通往尼斯湖(Loch Ness)

▲高地牛

▲蘇格蘭高地風景壯麗

蘇格蘭與愛丁堡特色推薦

哈吉斯 (Haggis)

蘇格蘭人生活在寒冷天候中，生性勤樸，習慣將羊肉、內臟、蔬菜與燕麥一起放在羊胃裡，加上香料熬煮而成，是蘇格蘭人自傲的料理。許多餐廳會提供滿漢哈吉斯全餐，就連酒吧的早餐也會提供這道料理呢！

大象咖啡館 (The Elephant House)

以各種大象裝飾的大象咖啡館，是J.K羅琳當年創作《哈利波特——神祕的魔法石》(Harry Potter and the Philosopher's Stone) 所在的咖啡廳，可說是哈利波特的誕生地。咖啡館先前發生火災，目前暫不營業。

格倫菲南拱橋 (Glenfinnan Viaduct)

在蘇格蘭還有一處景點也是哈利波特迷可造訪之地，就是Glenfinnan Viaduct，在電影中是通往霍格華茲魔法學校的必經之路。

🔗 elephanthouse.biz/menus；哈利波特拍攝場景整理表：harrypotterplaces.com/faq／✉21 George IV Bridge, Edinburgh EH1 1EN

格拉斯哥
Glasgow

格拉斯哥位於蘇格蘭南部，是蘇格蘭最大的城市，也是世界最多綠地與設計建築之都。在建築師麥金塔的影響下，城市經常可見幾何與有機並存型態的裝飾作品。每年8月在Glasgow Green公園所舉辦的世界風笛大賽(World Pipe Band Championships)為矚目焦點。

▲格拉斯哥建築處處可見新藝術風格的裝飾

格拉斯哥藝術學校
The Lighthouse

格拉斯哥藝術學校創立於1845年，為英國僅存少數的獨立藝術學院之一，也是世界頂尖的設計藝術學校，尤其是建築科系更排名全球前十大，培養許多國際傑出設計師、藝術家或建築師，成員活躍於國際各大展覽中。這所由麥金塔所創立的學校，建築外觀有著鮮明的新藝術風格，垂直水平的線條再搭配有機曲線，呈現豐富的變化。可惜的是，現已不開放入內參觀。

▲藝術學校外觀

燈塔建築設計博物館
Glasgow School of Art

http www.thelighthouse.co.uk / ✉ 11 Mitchell Lane, Glasgow G1 3NU / ℹ 暫時關閉，出發前請查詢官網再次確認

燈塔建築設計博物館於1985年由麥金塔所設計，當年他還是個年輕的製圖員。這座建築原本是一座倉庫，而其建築特色包含一座8千加侖的水箱，是為了預防火災之用。1999年，英國政府建議將此建築設為蘇格蘭設計建築中心，也是遊客中心和展覽空間，扮演著推展藝術活動的角色。通常麥金塔建築之旅的起點由此開始。

在這棟博物館裡，經常輪流展示不同時期麥金塔所設計的作品，例如畫作、椅子等等，從這棟樓可經過螺旋樓梯登頂至最高層，免費俯瞰格拉斯哥無死角的都市風景。

▲燈塔建築設計博物館內的旋轉樓梯

▲博物館透明樓層

新楊柳茶室
Willow Tea Room

🔗 www.mackintoshatthewillow.com / ✉ 215-217 Sauchiehall St, Glasgow G2 3EX / 🕐 週一～日09:00～18:00

　　1903年開張的楊柳茶室，建築同樣為麥金塔所設計，是格拉斯哥最具人氣的景點之一。舊楊柳茶室於2014年關閉，歷經4年整修，其精髓講求恢復當年茶室的榮光，2018年為了慶祝麥金塔150歲冥誕，以舊面孔、新型態開張，有全新的經營團隊，茶室提供200個座位，更名為「Mackintosh at the Willow」，並在隔壁215號新增遊客中心。

▲舊楊柳茶室外觀

里茲城堡
Leeds Castle

　　素有最美麗城堡之稱的里茲城堡，位於英國東南方肯特郡(Kent)，建造於西元1119年，距今約900年歷史。花園內每年夏天會舉辦熱氣球展，總將天空與城堡妝點得五彩繽紛，11月還有煙火秀。由倫敦可參加Evan Evans、Golden Tours、Premium Tours旅遊團；或搭乘火車至Bearsted Station車站，再轉搭交通公司Spot Travel提供的付費接駁服務。

🔗 www.leeds-castle.com / ✉ Maidstone, Kent ME17 1PL / 🕐 詳細時間以官網公告為準(依季節活動調整)

Spot Travel交通公司
🔗 www.spottravel.co.uk/leeds-castle

坎特伯里
Canterbury

坎特伯里大教堂
Canterbury Cathedral

🔗 www.canterbury-cathedral.org / ✉ Cathedral House, 11 The Precincts, Canterbury CT1 2EH / 🕐 時有變動，請查詢官網

　　世界遺產城鎮坎特伯里，是英國的宗教中心，有英國最古老的聖馬汀教堂遺跡，和朝聖者必訪的坎特伯里大教堂。坎特伯里到處可見中古時期石磚與木材型式建築，更有小河穿流其中，饒富中世紀風情的小鎮。從倫敦出發約1小時火車車程。

▲坎特伯里也可以撐篙

倫敦必玩景點

倫敦知名景點很多，玩法也多元，不論走馬看花或深度探索，一旦雙腳踏入倫敦市中心，必能強烈感受到這個內斂卻包容著活潑的城市，帶給我們的衝擊和感動。

大笨鐘
Big Ben

http www.parliament.uk/bigben / ➡ Westminster地鐵站3號出口

大笨鐘與國會大廈相連，是倫敦最具代表的地標之一。國會大廈是英國國會上下議院所在，大笨鐘與國會大廈相連，是英國國會上下議院所在，入內參觀必須事先預約。在西敏橋(Westminster Bridge)上可以同時拍到國會與大笨鐘哦。

肯辛頓宮
Kensington Palace

http www.hrp.org.uk/kensington-palace / ➡ Lancaster Gate地鐵站

肯辛頓宮為皇室成員居所之一，黛安娜王妃為最受擁戴的主人之一。現在是威廉王子和凱特一家人的官方住所。宮殿的花園以綠洲為設計概念，有別於一般皇室花園。內設橘園餐廳的下午茶也頗受歡迎。

圖片提供／SCOPERS

白金漢宮
Buckingham Palace

- changing-guard.com(點選Changing-Guard→Changing the Guard at Buckingham Palace) / ➡ Green Park地鐵站出站後穿越公園即可看見 / ℹ 衛兵交接儀式日期可先至官網確認

白金漢宮是英國國王在倫敦的官邸，每年8～9月開放參觀。夏季每天早晨有禁衛軍換班儀式(Guard Change)，冬季則兩天一次，及早前往才有好視野！白金漢宮附近有倫敦3大公園：海德公園、綠園和聖詹姆士公園(詳見P.166)。

西敏寺
Westminster Abbey

- www.westminster-abbey.org / ➡ Westminster地鐵站5號出口 / ℹ 教堂內不能拍照

具有哥德式風格的尖塔西敏寺，重建於1245年，1987年國際文教組織將西敏寺、與其比鄰的聖瑪格莉特教堂(Saint Margaret's Church)，以及國會大廈(又稱西敏宮Palace of Westminster)並列為世界文化遺產。英國皇室及各領域的重要儀式都在此舉行，如伊莉莎白二世女王的國葬。多位名人也長眠於此，如狄更斯(Charles Dickens)、牛頓(Isaac Newton)，以及大部分的君主。

皇家騎兵衛隊
Horse Guards Parade

- www.royalparks.org.uk(點選St Jamess Park→Things to see and do→Landmarks and viewpoints→Horse Guards Parade) / ➡ Westminster、Charing Cross地鐵站

皇家騎兵衛隊每日在白廳(Whitehall)前，會舉行小型衛兵交接，時間是平日早上11:00、週日早上10:00。自17世紀起，這裡便是極為重要的儀式場地，也是英國君主每年舉辦生日慶典(Trooping the Colour)的地方。

特拉法加廣場
Trafalgar Square

🔗 www.london.gov.uk(點選About us→Our building and squares→Trafalgar Square) / ➡ Charing Cross地鐵站

建於1805年的特拉法加廣場，不但是交通樞紐，也是白金漢宮、國家藝廊、聖詹姆士公園、聖馬汀教堂等處的匯集點。中央有大型噴水池、紀念拿破崙戰役的納爾遜將軍像，常舉辦大型活動，也有街頭藝人表演。廣場上禁止餵食鴿子。

▲特拉法加廣場有階梯，為露天歇腳的好去處(圖片提供／SCOPERS)

聖保羅大教堂
St. Paul's Cathedral

🔗 www.stpauls.co.uk / ➡ St. Paul 2地鐵站號出口即可看見教堂，沿著教堂建築就可以走到正門口 / ℹ 教堂內不能拍照

巴洛克風格的聖保羅大教堂，為英國第一大教堂、世界第二大圓頂教堂，黛安娜王妃曾於此舉行婚禮大典。最早建於西元604年，現在的建築是建築師Christopher Wren於17世紀末完成的。教堂內雕像與氣勢恢弘的穹頂，常使遊客目不轉睛，購票入內即可免費租借中文導覽。推薦到樓頂欣賞倫敦街景。

塔橋
Tower Bridge

🔗 www.towerbridge.org.uk / ➡ Tower Hill地鐵站出站後，穿越地下通道，左方即可看見塔橋

藍白相間的美麗塔橋不僅可遠觀，行人也可以步上塔橋感受在泰晤士河上的舒暢。當有較大船隻通過時，塔橋中央會分開並且分成兩段升起，每年約500次。
搭乘倫敦眼可從空中俯瞰塔橋，此外，塔內有博物館展示相關工程。

倫敦眼
London Eye

🔗 www.londoneye.com / ➡ Waterloo地鐵站6號出口，下橋直走約1分鐘，右手邊即可看見倫敦眼

標高135公尺的倫敦眼是欣賞倫敦市景的好選擇。原為西元2000年千禧年建造臨時地標，但由於其優美設計遂成為最受國際遊客喜愛的景點，而成為常態性地標。倫敦眼每一個車廂可容納數十人，無論白天或夜晚都可俯瞰泰晤士河畔兩岸經典建築的不同風情，開放時段夏季相較於冬季長。

圖片提供／SCOPERS

倫敦塔
Tower of London

🌐 www.hrp.org.uk/tower-of-london / ➡ Tower Hill出站後，穿越地下通道，右轉沿著護城河步行，在紀念品專賣店對面即是入口 / ℹ 參觀時間約為2～3小時左右

倫敦塔為英國王室宮殿，但因判刑多名王室成員而又有皇室獄場之稱，於1988年被列為世界遺產之一。其中最知名是收藏皇室國王與女王加冕皇冠和權杖的珠寶塔，以及羅馬時期的城牆。在倫敦塔內的烏鴉是吉祥象徵。

格林威治
Greenwich

🌐 www.rmg.co.uk / ➡ Greenwich車站或Greenwich碼頭

格林威治因「時間」而知名，有「時間的故鄉」(Home of Time)之稱。世界時間的計算依據就在格林威治的皇家天文台，有24小時制牧羊人時鐘、本初子午線等。如欲參觀皇家天文台或世界現存最古老的帆船—卡提沙克號(Cutty Sark)，購買套票較優惠。

碎片大廈
The Shard

🌐 www.the-shard.com / ✉ 32 London Bridge St, London SE1 9SG / ☎ (084)4499-7111 / ➡ London Bridge 地鐵站

碎片大廈的建材來自其他被拆掉的建築，故名為碎片大廈。68～72樓的觀景臺可以360度欣賞倫敦景色；網路可預訂，有普通白天票、全天包夜景票，以及加香檳票等。

空中花園
Sky Garden

🌐 skygarden.london / ✉ 1 Sky Garden Walk, London, EC3M 8AF / ☎ (020)7337-2344 / ➡ Monument 地鐵站

空中花園位在泰晤士河畔，35樓觀景台免費入場。室內空中花園有超過2千棵亞熱帶植物，包含100種不同的植物。透過360度大落地窗，可將整個倫敦金融區盡收眼底。參觀須在網路上預約。

萊斯特廣場
Leicester Square

▶ Leicester Square或Piccadilly Circus地鐵站

萊斯特廣場經常出現在大螢幕上。這一帶非常繁榮，最顯眼的應該是樂高總店(Lego)和全世界最大的M&M'S。樂高總店內有用樂高堆成的倫敦地鐵車廂，可坐進車廂拍照，還有巨型樂高大笨鐘、樂高郵筒等，絕對讓樂高迷開眼界，這裡還能找到一些少見的物件，偶爾還有不錯的折扣。如果是送人的小禮物，推薦小組的樂高倫敦雙層公車。

▲樂高大笨鐘

▲M&M'S旗艦店有很多禮品選擇

漢普頓宮
Hampton Court Palace

▶ www.hrp.org.uk/hampton-court-palace / ▶ 搭火車在Hampton Court站下車，沿著橋墩過橋再走一下子，漢普頓宮就在右手邊

漢普頓宮曾是都鐸王朝(Tudor)時期的宮殿，靈魂人物之一就是亨利八世。有豐富的館藏文物、當年的大廳、房間、禮拜堂、都鐸廚房，以及見證歷史上許多重要決定的議會廳，花園也整理得十分美麗。

▲漢普頓宮裡有漂亮的英式花園

哈利波特影城
Warner Bros. Studio

▶ www.wbstudiotour.co.uk / ▶ 在Watford Junction車站下車，再轉搭影城的接駁公車即可抵達

在哈利波特影城除了可以親眼看到電影的場景、服裝，也可以體驗如何應用視覺效果製造出生動的畫面。影城位在9區之外，但仍在倫敦收費區內，可以使用倫敦交通票券。參觀採預約制，旺季前往請提早訂票，以免額滿而錯過。

▲去不了影城，也可以到國王十字站裡的9又4分之3月台拍照

漫步倫敦皇家公園

倫敦共有8座皇家公園，其中5座在市中心。公園有專職人員負責花卉、樹木與草皮的養護，甚至每一隻動物都屬於皇室的財產。因此，公園景觀如畫，是野餐或曬太陽的最好休憩地，讓人常常忘了置身在繁忙的大都會中。

皇室公園官網：www.royalparks.org.uk

瑞奇蒙公園 Richmond Park

www.royalparks.org.uk/parks/richmond-park

位於倫敦西南的瑞奇蒙公園，早期為皇家狩獵場，占地超過1千公頃，是倫敦最大的皇家公園，也是國家級自然保育區。幅地廣大，空氣清新怡人，是喜愛寧靜、慢跑以及單車騎士的首選。

拜訪野生鹿群

這裡如非洲大草原般遼闊、常可見到野生鹿群，超過650頭野鹿，及不少可愛的小動物在草原中穿梭。不妨帶著三明治、果汁、野餐墊，來這吸口純淨的空氣跟鹿群們享受美好時光吧！

▲這裡的野生鹿不像日本奈良的鹿有禮貌會敬禮，攻擊性強，會送你進醫院

行家祕技 | 祕密花園童話餐廳

在瑞奇蒙鄉間有一間如同祕密花園一般的美麗餐廳，Petersham Nurseries，以綠意盎然的玻璃屋溫室為主題，走英式鄉村田園風格，溫室裡擺滿古董家具家飾，像一間古典優雅的原木茶屋，還是米其林一星餐廳。菜單依季節變換，只使用當地當季精選食材，香草香料、蔬菜及食用花材都來自自家花圃，也提供精選的手摘茶與手工蛋糕。除了餐廳外，這裡還有販售家具、裝飾品、家居用品跟園藝用品的商店跟咖啡廳。想遠離倫敦喧囂就來這祕密花園享用美食，欣賞園藝，享受一下生活的愜意和恬靜吧！

www.petershamnurseries.com / Church Lane, off Petersham Road, Petersham, Surrey, TW10 7AB / (020)8940-5230

貼心小提醒 | 入園前先下載Google離線地圖，以免迷路

瑞奇蒙公園不像其他公園有規畫完善的步道，迷路在所難免。建議去之前先下載離線地圖，到了公園內才能靠GPS確認所在的方位。

公園划船去

瑞奇蒙不僅可以賞鹿、野餐，還可以划橡皮船或獨木舟。有專業的教練教導，帶你在風景如畫的湖上探險，非常與眾不同又有趣的經驗，值得一試。想參加請上網或E-mail預約。

🔗 backofbeyonduk.com / ✉ Richmond park, TW10 5HS / @ info@backofbeyonduk.com / ⏰ 時間時有異動，行前請至官網查詢 / ➡ Richmond Station地鐵站，出站後轉搭371或65巴士到Petersham的行人入口

海德公園 Hyde Park

➡ Marble Arch、Hyde Park Corner、Lancaster Gate地鐵站

海德公園內有Serpentine湖泊和天鵝，以及黛安娜紀念噴泉。另外靠近購物大街的演說角(Speaker's Corner)，則常見民眾公開發表其見解，為倫敦樣貌的另一面。夏季會舉辦露天逍遙音樂會(PROMS)，是音樂界一大盛事。

綠園 The Green Park

➡ Green Park地鐵站

綠園與聖詹姆士公園相當靠近，由於也緊鄰熱鬧的購物中心皮卡地里圓環，因此許多倫敦人常在此野餐或偷得浮生半日閒。

▲ 綠園裡的優閒感讓人暫時忘卻這是倫敦

肯辛頓花園 Kensington Gardens

➡ Lancaster Gate地鐵站

緊鄰著海德公園的肯辛頓花園，就位在肯辛頓宮前。其南端有藝廊和亞伯特紀念碑與音樂廳，如果是親子出遊，這邊的免費公園遊樂場也很受歡迎。

▲ 黛安娜紀念遊樂場

攝政公園與櫻花草丘
The Regent's Park

▶ CamdenTown地鐵站

攝政公園包含露天劇場、櫻花草丘(Primrose Hill)以及倫敦動物園。公園裡種植約400種玫瑰，而山丘頂更可遠望倫敦高樓群。從水道小威尼斯(LittleVenice)步行至公園也另有番風景。

布希公園
Bushy Park

▶ Hampton Court Station火車站

位於倫敦西南漢普頓宮旁的布希公園，常見許多溫馴的鹿群在公園內活動，是第二大皇家公園。木橋、溪流與樹林，構成最詩情畫意的景色。

▲戴安娜噴泉和栗子大道(圖片來源／The Royal Park)

聖詹姆士公園
St James's Park

▶ Green Park地鐵站

緊連著白金漢宮，美麗的聖詹姆士公園以湖泊為中心，從湖泊的一隅，還可瞥見倫敦眼的身影，公園內水鳥生態豐富，運氣好的話，還可見到嬉戲的鵜鶘(Pelicans)。第一批鵜鶘是俄國大使送給查理二世國王的，直至今日，鵜鶘以聖詹姆士公園為家已有3百多年歷史，公園固定每天14:30～15:00會有管理員餵食水鳥。

格林威治公園
Greenwich Park

▶ Greenwich輕軌站

格林威治公園占地廣闊，約有183英畝，公園部分區域地勢較高，可俯瞰泰晤士河和繁忙的倫敦金融區，公園內最知名的景點應該就是皇家天文台(Royal Observatory)了，想拍張一腳踩在東岸球、一腳踩在西半球的照片嗎？來皇家天文台裡參觀最知名的本初子午線吧！

▲格林威治公園裡設有皇家天文台(圖片來源／The Royal Park)

包羅萬象的博物館

英國最為人熟知的軟實力，即是對文化與展演推廣的不遺餘力。從專業世界性的收藏到通俗文化，都能讓不同遊客得到滿足。以下介紹多個倫敦知名博物館，許多都是免費參觀，部分特殊展覽才會酌收費用。

大英博物館 British Museum　免費

http www.britishmuseum.org/whats_on/friday_lates.aspx / ✉ Great Russell Street, London, WC1B 3DG / ⓒ 每天10:00～17:00，週五延長開放至20:30（聖週五Good Friday除外）/ 休 12/24～26，1/1 / ➡ Tottenham Cour Road、Holhorn地鐵站

大英博物館收藏世界各地重要寶物，包含木乃伊和神廟、復活島雕像，記錄著人類的美學以及歷史文化，建議參加免費導覽團與租借語音導覽機，以了解展品的小典故。博物館週五晚上舉辦的活動類別有講座、討論、電影放映、音樂欣賞和舞蹈表演，通常都與現有展覽相關。

泰德不列顛 Tate Britain　免費

http www.tate.org.uk/visit/tate-britain / ✉ Millbank, London SW1P 4RG / ⓒ 10:00～18:00 / 休 12/24～26

泰德不列顛與泰德現代美術館同為泰德博物館系統，但其相對位置有點距離，收藏自1500年至今的作品，種類涵蓋印象派作品、行動繪畫、表演藝術、裝置或機械藝術等等。喜愛藝術創作者，在此可獲得許多靈感與啟發。

國家藝廊
National Gallery

免費

🌐 www.nationalgallery.org.uk / ✉ Trafalgar Square, London WC2N 5DN / 🕒 週一～四、六～日10:00～18:00，週五10:00～21:00 / 休 12/24～26，1/1

國家藝廊收藏了一千多件重要繪畫，如梵谷的《向日葵》、達文西的《岩間聖母》、莫內的《蓮花池》、林布蘭特的自畫像、秀拉的《阿尼埃爾浴場》等等。藝廊常設展免費參觀，不開閃光燈可拍照。

自然歷史博物館
Science Museum

免費

🌐 www.nhm.ac.uk/events/lates.html / ✉ Cromwell Road, London, SW7 5BD / 🕒 10:00～17:50 / 休 12/24～26 / ➡ South Kensington地鐵站

建築外觀似大教堂的自然史博物館，藏有多樣化的標本，5大主題包含動物、昆蟲、植物、礦物以及古生物學，最著名收藏為恐龍標本、神祕古生物、地球生態資料等。週五之夜有展覽、會談，科學演示，並提供簡單餐點和飲料。

泰德現代美術館
Tate Modern

免費

🌐 www.tate.org.uk/visit/tate-modern / ✉ Bankside, London SE1 9TG / 🕒 10:00～18:00 / 休 12/24～26 / ➡ Charing Cross或Leicester Square地鐵站

泰德現代美術館前身為發電廠，1981年停止運作後改造為展館用途。展館藏有馬諦斯和畢卡索等大師作品，特展展題十分多元有創意。館前為重要地標之一的千禧橋(Millennium Bridge)。

▲通往聖保羅大教堂的千禧橋

科學博物館
Natural History Museum 免費

www.sciencemuseum.org.uk / Exhibition Rd, London, SW7 2DD / 10:00～18:00 / 12/24～26 / South Kensington地鐵站

科學博物館除了展示模型外，還利用有趣或互動的展示遊戲方式，讓大人小孩對於應用科學產生興趣與學習。博物館附設IMAX劇院，可體驗3D的各種科學之旅，是兒童的最愛。會舉辦當期主題展和DIY手作工坊，亦有定期的活動，如無聲迪斯可或喜劇表演等。此外活動還會隨節慶或時事調整每夜的主題。

V&A博物館
Victoria & Albert Museum 免費

www.vam.ac.uk/info/friday-late / Cromwell Road, London SW7 2RL / 10:00～17:45(週五～22:00) / 12/24～26 / South Kensington地鐵站

V&A博物館成立於1852年，因承首屆世界博覽會的全球影響力而設立，博物館名稱是維多利亞女王為紀念夫婿所定，可說是裝飾藝術設計的世界級展館，包含織品、瓷器、家具、裝飾等藏品。夜間開放時，會邀請新興藝術家或設計師，透過電影、講座、辯論或DJ表演等方式，與觀眾面對面交流。

女王宮
Queen's House 免費

www.rmg.co.uk/queens-house / Romney Rd, Greater, London SE10 9NF / 10:00～17:00 / 免費 / Greenwich或Cutty Sark地鐵站

女王宮位在格林威治，設計於17世紀，現今收藏著許多藝品，建築本身也相當有看頭，內部最知名的大概就是那座精美的旋轉樓梯(The Tulip Stairs)。冬季在室外還有受歡迎的溜冰活動。

大英圖書館
British Library

免費

96 Euston Road / ➡ King's Cross地鐵站

位在聖潘克拉斯火車站附近的大英圖書館，館藏十分豐富，從大憲章、到披頭四的歌詞手稿都有。

倫敦共濟會博物館
Museum of Freemasonry

免費

museumfreemasonry.org.uk / ✉ Freemason's Hall, 60 Great Queen St. / ➡ Goven Garden或Holborn地鐵站

倫敦共濟會博物館位在柯芬園附近，是一個隱藏版的倫敦免費博物館，裡面展示了共濟會300年的歷史。看累了還可以到咖啡店坐坐。

英格蘭銀行博物館
Bank of England Museum

免費

www.bankofengland.co.uk/museum / ✉ Bartholomew Lane / ➡ Bank地鐵站

關於英格蘭銀行自1694年成立來的歷史以及收藏，對錢幣、設計或是金融有興趣者，不妨進來瞧瞧。參觀日為週一到週五。

亞伯特音樂廳
Royal Albert Hall

www.royalalberthall.com / ➡ South Kensington地鐵站

亞伯特音樂廳，同為維多利亞女王以夫婿命名的機構之一。此世界級頂尖音樂廳可容納5,272席次，所演出的曲目經常滿足大眾的不同喜好，從古典、搖滾到通俗流行樂，芭蕾、歌劇到活動儀式等等，尤其自1941年以來每年夏天所舉辦的音樂季最為出名。

貼心小提醒

倫敦夜間博物館探祕

除了白天可以參觀外，許多倫敦博物館還設計夜晚的例外開放時段。有別於白天的嚴肅端莊，夜晚的博物館帶點神祕氣息。依據博物館性質不同，有些推出電影觀賞會、演講、研討會，有些則是各式各樣的主題派對或科學實驗等，內容相當豐富有趣。

福爾摩斯博物館
Sherlock Holmes Museum

http www.sherlock-holmes.co.uk / ✉ 221b Baker St. London NW1 6XE / ⏱ 09:30～18:00 / ➡ Baker Street 地鐵站

　　福爾摩斯博物館為偵探推理迷的聖地。場地不大，陳設卻十分細膩。目前為私人經營，位於小說中的貝克街221b號。博物館目前受政府保護，建築外觀仍保有維多利亞風格。

皇家藝術學院
Royal Academy

✉ www.royalacademy.org.uk / ➡ Piccadilly Circus地鐵站

　　建立於1768年的皇家藝術學院是英國最古老的藝術學院，以教育和展覽來推動藝術與建築發展思考不遺餘力，並且為傑出設計師的搖籃，這裡也經常舉辦行家最推薦的特覽。

莎士比亞劇院
Shakespeare Globe Museum & Theatre

✉ www.shakespearesglobe.com / ➡ London Bridge地鐵站

　　目前所見莎士比亞劇院為1997年重建，此地為英國大文豪莎士比亞所領導的劇團原址。露天劇院演出莎士比亞知名劇碼(票價各異)，生動活潑，博物館內還有展示手稿和劇場服飾。

非凡享受音樂劇

來到英國，尤其是倫敦，絕對不能錯過的就是音樂劇(Musical)！音樂劇不如歌劇(Opera)般艱深，是種通俗藝術，抱持著看電影、看舞台劇的心情欣賞吧！

▲歌劇魅影劇院

悲慘世界 Les Misrable
2小時50分

Sondheim Theatre 桑坦劇院：✉51 Shaftesbury Avenue, London, W1D 6BA / 💲£10起 / ➡Piccadilly Circus站 / 🕒週一～六19:30(晚場)、週四、六14:30(午場)

悲慘世界是四大名劇之一，數度宣稱即將下檔又重新上映，可見其魅力。

歌劇魅影 Phantom of the Opera
2小時30分

Her Majesty's Theatre 女王陛下劇院：✉Haymarket, London, SW1Y 4QR / 💲£27起 / ➡Piccadilly Circus、Leicester Square站 / 🕒週一～六19:30(晚場)、週三、六14:30(午場)

歌劇魅影是韋伯的老牌音樂劇，建議坐在1樓前面中間的位置，可完全體驗大燈落下的震撼！推薦給音樂劇初體驗的觀賞者。

女巫前傳 Wicked
2小時45分

Apollo Victoria Theatre 阿波羅‧維多利亞劇院：✉17 Wilton RoadLondon, SW1V 1LG / 💲£25起 / ➡Victoria站 / 🕒週二～六19:30(晚場)，週三、六、日14:30(午場)

改編自《綠野仙蹤》的前傳—西方女巫傳(Wicked：The Life and Times of the Wicked Witch of the West)，用另一個視角描述西方壞女巫的背後故事。

獅子王 The Lion King
2小時30分

Lyceum Theatre 蘭心劇院：✉21 Wellington Street, London, WC2E 7RQ / 💲£23.5起 / ➡Covent Garden、Charing Cross / 🕒週二～六19:30(晚場)，週三、六、日14:30(午場)

獅子王是迪士尼卡通改編而成，老少咸宜！建議選擇走道邊的位置，可能會有驚喜哦！

媽媽咪呀！ Mamma Mia!
2小時35分

Novello Theatre諾維羅劇院：✉Aldwych, London, WC2B 4LD / 💰£15起 / ➡Covent Garden、Temple站 / 🕒週一～六19:30、週四、六15:00

喜愛ABBA樂團的人若是錯過了這齣完全以ABBA暢銷曲組成的音樂劇，一定要搥胸頓足。

瑪蒂達 Matilda
2小時35分

Cambridge Theatre劍橋劇院：✉Earlham Street London, WC2H 9HU / 💰£20起 / ➡Covent Garden、Leicester Square站 / 🕒週二～五19:00、週六19:30(晚場)、週三14:00、週六14:30、週日15:00(午場)

國際公認的舞台劇藝術大獎Olivier Awards的紀錄保持者。無論場景設計、故事內容、演員表現、歌唱編曲都精采萬分！

行家祕技：音樂劇票這裡買

1. 倫敦中國城萊斯特廣場內的TKTS（官方半價售票亭）以及附近私營的半價票亭、柯芬園的半價票亭，都可買到當天未售完的票。但手續費要外加。
2. 從TKTS官方網站，可找到3天內各個劇場的折扣票，如果對劇不挑，可以來這裡撿便宜。
officiallondontheatre.com/tkts
3. 直接到戲院售票口(Box Office)也許可以買到當天的半價退票，出示ISIC國際學生證說不定還可買到學生票。不過這都是可遇不可求的情況。
4. 特定日期的音樂劇，可以在網路上先買票、現場取票。

Ticketmaster購票 🌐 www.ticketmaster.co.uk
倫敦音樂劇 🌐 officiallondontheatre.com

貼心小提醒

訂票與觀賞注意事項
- 特別便宜的票很可能在視線上會被擋住。
- 熱門音樂劇很少有半價票，最好先訂票。
- 穿著不必太正式，也不要太隨便，整齊清潔即可。

熱門在地生活體驗

採收果實秋意濃

農場撿拾趣PYO

PYO(Pick Your Own)的最佳季節是在夏天的中後期以及秋天前段，這期間大家的最愛就是到農場採草莓，一次採滿滿一大籃回家，因為新鮮又香甜，馬上就會被消滅入腹。除了老少咸宜的草莓、覆盆子、英國李子、菜豆類等等，以及到後期的蘋果、英國梨都有農場開放採摘，讓人徹底感受到大自然的恩惠。

搜尋關鍵字「PYO near me」可以尋找在自己附近的農場，挑選農場時，也要記得到農場網站看最新資訊，因為蔬果是有季節性的，必須先確保去的時候是否有開放採摘。

採摘黑莓

野生黑莓季節約在8月前後，野生黑莓的刺很多，摘取時請務必小心。如果有興趣嘗試的話，建議不要摘取低處的黑莓，盡量從高處下手，因為有可能會有小狗在上面尿尿。野生黑莓比市售的小顆，酸甜味也比較濃烈，摘來直接吃或是做成黑莓派都非常好喔。畢竟是野生的黑莓，果皮上面可能會有一些小生物，只要泡泡水洗乾淨就可以。

撿拾栗子

英國有非常多的栗子樹，在路邊、公園、大學校園裡都經常可見，掉在路邊的栗子(只要不是在個人私宅的範圍裡)都可以撿拾。最常見有兩種栗子樹，可食用的甜栗子(Sweet Chestnut)，以及不可食用的馬栗(Horse Chestnut／Conker)，這兩種在外觀上就可分辨出不同，甜栗子的殼有相當密集的細刺，而馬栗的殼則是較粗、排列較分散的短刺。甜栗子的季節在秋天，大約10月左右；馬栗會早一些。馬栗雖然不可食，但在早期，英國的小朋友會撿馬栗當作玩具。

撿甜栗時，請小心甜栗的細刺，最好戴手套才不會刺手。要盡量從殼中直接挖出，一來比較乾淨，二來才能確認拾起的不是馬栗，因為馬栗和甜栗有可能種得很靠近。

撿甜栗的趣味與體驗價值遠大於食用本身，雖然甜栗的果實只要煮熟之後就可以吃，但是上面有一層膜相當難剝取，所以真心喜歡吃栗子的人，建議還是直接到超市買現成的比較方便。

甜栗子 (Sweet Chestnut) 可食

馬栗 (Horse Chestnut／Conker) 不可食

遊賞浪漫花季

漫長的冬天一過，迎接英國的，就是逐漸變藍的天空，以及盛開的花朵。

水仙花、鬱金香、櫻花

春天不容錯過的，就是水仙花及鬱金香。尤其花期在每年3或4月左右的水仙花，是路邊常見的花種，有大有小，有白有黃，不需要到特定點才能欣賞，只要細心觀察，就可以見其芳蹤。一般都是一欉一欉的，如果幸運遇到一大片水仙花海，甚是漂亮。

每年4或5月左右是鬱金香盛開期，雖然比較少能見到花海，但是因為容易種植，在普通人家的花園就可以看多許多稀稀鬆鬆，但色彩令人驚豔的鬱金香們。

春天還有櫻花，滿開在3～5月左右，也是一掃陰霾的象徵，公園裡、甚或路樹，都可以見到。

藍鈴花

藍鈴花的花期約在每年4月中後，你可能會在路邊會偶遇那紫色、鈴鐺狀的藍鈴花，但卻不容易看到隱藏版的藍鈴花海。藍鈴花海一般藏身在樹林中，遍地浪漫的藍鈴花，微風吹來隨著輕輕搖曳，就像一張柔軟的地毯。

http www.wildlifetrusts.org/where_see_bluebells

薰衣草

夏季最引人注目的非屬薰衣草，芳香、典雅，甚至被譽為「香草之王」，陣陣飄香讓人不停下也難。雖原產於法國普羅旺斯，其實英國也有相同景致，最佳觀賞時間是每年的6～9月。

Mayfield Lavender 薩里郡

✉ 1 Carshalton Rd, Banstead SM7 3JA

英國最有名的薰衣草田，均為有機種植，農場出產的薰衣草精油、室內香薰及洗浴護膚用品等都非常受歡迎。旁邊還有咖啡廳，可品嘗薰衣草製成的甜點或花茶。

Cotswold Lavender 科茲窩

✉ Hill Barn Farm, Snowshill, Broadway, Worcestershire WR12 7JY

科茲窩是充滿詩情畫意的英國小鎮，這裡的薰衣草田種植超過35種不同的品種，約25萬株薰衣草綻放，壯闊而美麗，猶如置身於世外桃源。亦有可愛的商鋪，可以購買紀念品。

Hitchin Lavender 哈特福郡

✉ Cadwell farm, Arlesey Rd, Ickleford, Hitchin SG5 3UA

擁有數十種不同的薰衣草品種。薰衣草田開在緩坡之上，景色宜人。這裡的另一個特色就是遊客可以體驗採摘薰衣草的樂趣。

除了薰衣草，這裡還種植了一大片向日葵，同樣賞心悅目；從8月開始，還可以在薰衣草田上面看戶外電影哦。

Yorkshire Lavender 約克郡

✉ The Yorkshire Lavender Farm, Terrington, York, YO60 6PB

曾獲得無數獎項的花田。這裡除了紫色，還有白色、粉紅色、藍色許多不一樣顏色的薰衣草，相互交錯，秀麗卻不雜亂。這裡還有各種不同主題的花園，值得探訪。紀念品店也有近百種薰衣草油，薰衣草乾和天然薰衣草和香草產品出售。

Jersey Lavender 澤西島

✉ Rue du Pont Marquet, St.Brelade, Jersey JE3 8DS

澤西島地處英吉利海峽，是一個風光明媚的旅遊度假勝地。島上的薰衣草比英國本土的薰衣草長得更密、更茂盛。來此觀光順便拜訪薰衣草莊園，肯定讓人流連忘返！開放期間還可以參觀提煉薰衣草精油的工廠。

通訊應變篇
Communication & Emergencies

在英國上網、寄信、發生緊急狀況

來到英國旅遊,要如何打電話跟台灣的家人報平安?
如何上網?如何寄明信片回台灣呢?在本篇中會詳細介紹。
出門在外旅遊,凡事都需要多留心注意,
如果遇到緊急事件,各種應變處理方式都有說明。

HAWKSHEAD
POST OFFICE

POST OFFICE
& BUREAU DE CHANGE

NEWSAGENTS OFF LICENCE

CARDS
TOYS & GIFTS
BOOKS & MAPS

Killick Street
Health Centre

NHS
We are registering new patients.
Please call in for details

POST OFFICE
ER

Last Collection Time
Monday to Friday
5.15pm
Saturday
12 noon

打電話及上網

從台灣打電話到英國

國際冠碼+英國國碼+區域號碼+電話號碼

先撥國際冠碼「002」、「009」、「012」，加上英國國碼「44」，最後加上區域號碼和電話號碼。區域號碼和電話號碼最前面如果有「0」，必須先去掉不用撥。

撥打方法	國際冠碼+	國碼+	區域號碼+	電話號碼
打到市內電話	002 / 009 / 012 等等	44	20(倫敦地區)	(8碼)
打到英國手機	002 / 009 / 012 等等	44	7(手機)	(9碼)

從英國打電話回台灣

國際冠碼+台灣國碼+區域號碼+電話號碼

直撥國際電話的費用並不便宜，若是用國際電話預付卡或節費卡，則可省下不少電話費。不過最節省費用的方式還是打網路電話，例如用Skype撥室內電話或手機，或是直接用通話軟體進行通話。

撥打方法	受話方	國際冠碼+	國碼+	區域號碼+	電話號碼	備註
用手機打	台灣室內電話	+	886	2(台北)	7碼或8碼	*屬國際漫遊，請參考各家行動電話公司費率。
	台灣手機			9	8碼	
用市內電話打	台灣室內電話	00	886	2(台北)	7碼或8碼	*國際直撥電話，很方便但費用不便宜。
	台灣手機			9	8碼	
用公共電話打 (使用國際電話預付卡或是節費卡)	*可於台灣事先購買，若沒買，也可在英國各城市的中國城買當地發行的「國際節費卡」。 *請參考各家預付卡、節費卡的使用說明，通常是先撥打當地的撥接專線，依指示輸入預付卡密碼，再依序撥號。					*使用某些國際電話預付卡時，有的公共電話會額外扣手續費或使用費。 *開卡後也須注意使用期限。

*國際電話預付卡相關說明可參考中華電信專屬網站：new.callingtaiwan.com.tw。

從英國打到英國本地

區域號碼+電話號碼／手機號碼

撥打方法	區域號碼+	電話號碼
打到英國市內電話	020 (倫敦地區)	8碼
打到英國手機	07 (手機)	9碼

電信公司及服務

英國有多家電信公司，耳熟能詳的有EE、O2、3、Vodaphone等，其中，Giffgaff及3是遊客最常購買的電信卡。原則上在城市的訊號都不會太差，但每家公司的涵蓋範圍及訊號強弱還是有出入，如果擔心不足，可以跟旅伴選擇購買不同的電信商。電信卡分為兩種：

■ **預付卡(Pay as you go SIM card)**：買多少即可使用多少的意思。短期遊客一般會選擇預付卡，直接購買好需要的流量。若開卡6個月內都沒有再加值使用的話，基本上該預付卡就會失效。

■ **合約卡(SIM Card Only)**：合約為期為1個月～2年不等，電信公司會以合約來給予不同的優惠。這種綁合約的，比較適合要停留較長的遊客或是留學生。

▲ SIM卡販賣機　　▲ 英國電信門市

▲ 英國巴克萊銀行各分行，提供免費Wi-Fi

Giffgaff電信

Giffgaff有多種方案，旅客請參考Pay as you go，也可以接收到5G訊號。最受旅客歡迎的包套是15GB方案，含無限英國電話及簡訊，開卡後效期30天，費用£10。吃到飽則是£25(使用80GB後在特定時間會被降速)。請注意：Giffgaff並無實體店面，且使用的是O2電信公司的訊號。

www.giffgaff.com/sim-only-b/pay-as-you-go

3電信

3電信是較平價的電信公司，Pay as you go 的包套選擇很多，有自動扣款的電信卡(Auto-renew Data Packs)，也有一次性的電信卡(One-time Data Packs)，短期遊客選擇一次性的即可。£10可以買到10GB，吃到飽則是£35，開卡後效期30天。到歐洲可以直接使用包套內容中最多12GB的網路。

www.three.co.uk/pay-as-you-go/payg-data-packs

選擇合適的電信卡

首先要先評估自記大概需要使用多少網路。請查清楚住宿的地方是否有沒有提供免費無限網路：一般而言，如果住平價連鎖旅館，網路可能是要額外付費的；如果是住在房東家(如Airbnb)，一般都會提供住客免費的網路。一般在網路上瀏覽資訊，或是使用地圖，並不會消耗太多流量，再加上打卡、上傳照片，一天1～2GB基本上都用不完；但如果喜歡瀏覽影片，則是相當消耗流量。

另外要考慮是否會需要歐洲漫遊，因為脫歐的關係，有些電信商可能會加收少許的漫遊費。例如到歐洲其他國家使用Vodaphone網路，會收取少許漫遊費，而Giffgaff則是不額外收費，即可使用電信卡中最多5GB的流量。

如何購買電信卡

- **出國前先購買**：台灣有許多網站能買到歐洲電信卡，例如KKday。出發前就把電信卡準備好，心裡也更踏實些。
- **在APP購買**：多家電信都有提供eSIM選項。以Giffgaff的eSIM為例，首先要確認自己的手機支援eSIM，接著下載Giffgaff的APP，便能直接在APP裡用eSIM購買方案。
- **電信門市購買**：可以直到英國的電信門市購買，或是到各大超市、商店，都可以看到不同電信搭配不同套裝的預付卡(一般都擺在結帳櫃檯附近)。
- **機場販賣機**：大型機場如希斯羅機場，可以找到SIM卡販賣機，有各大電信商以及不同方案的預付卡。

行家祕技：倫敦免費Wi-Fi

不管是查資料、社群網站、使用網路通訊軟體，或是排解無聊上上網，網路已經成為出遊不可少的好朋友。在倫敦市中心相當容易找到免費無線網路，如果自己手機的流量不足，不妨搜尋一下有沒有免費網路。

最常見的就是倫敦市提供的「O2 Wi-Fi」，使用需要註冊登入。倫敦地鐵站也提供免費無線網路，只要打開手機的無線網路功能，就會自動搜尋並連結。

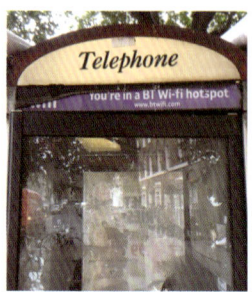

▲可上網電話亭

▲一般店家有貼Wi-Fi標誌也可免費使用

郵寄

英國郵局的招牌，是一個紅色的橢圓形，裡面寫著「Post Office」。規模大一點的郵局，除了郵遞服務，還有買賣外幣和保險的服務。小郵局則經常和雜貨店、文具店開在一起，店面的前半區賣雜貨、文具；後半區有個小窗口，那就是郵局提供服務的地方，也賣郵票和各種包裝用品。

http 英國皇家郵局(Royal Mail)：www.royalmail.com

▲現在更常看見與書店或商店結合的郵局

貼郵票

寄往台灣的明信片、信件(10公克以下)，郵資為£2.8，大約6～7個工作天可寄達。購買郵票可以直接到郵局，或是到禮品店、書局、商店等詢問。郵票貼妥後便可拿到郵筒投遞。較大的郵筒會有不同的投遞口，區分國際郵件以及英國郵件，若僅有單一投遞口就不需要特別區分。

郵票可在郵局窗口秤好信件重量後直接購買，或者在貼有郵票標誌的商店購買。郵資費用較高時，郵局辦理人員會列印一張郵資貼紙，直接貼在郵件或包裹上，這時信件上就不會再貼上的郵票了。

投遞郵筒

英國郵筒的長相，是紅色的圓筒狀，常可在郵局或機場這種郵務繁忙的地方見到。郵筒上會標明收件時間。若是郵務較不繁忙之處，郵筒則長得小巧玲瓏、呈紅色方形，並且很可愛地鑲嵌在牆面，若不注意看，並不顯眼。郵筒只接受國內外信件的郵寄，寄包裹或掛號郵件，還是得透過郵局的服務。

▲鑲在牆面的小郵筒

收件時間

寄包裹

從英國寄包裹到台灣，較經濟實惠的方式就是控制包裹在2公斤以下，可直接拿到郵局寄送；超過2公斤，費用會激增。非常緊急的包裹可以寄快捷，最快2日送達，只是所費不貲。

行家祕技　行李爆炸、帶不回家怎麼辦？

斯諾物流(SNOWL Post)是台灣人開的公司，專門從英國空運或海運寄送貨物到台灣、香港、澳門、新加坡等地。除了可以用中文溝通很方便外，司機收貨時在抵達前也會先以電話聯絡。他們也提供免費包裝材料，箱子扎實堅固，不用擔心運送時損壞。

一般海運通常都會等貨櫃滿了才會寄出，通常在2～3個月後才會收到貨。但是SNOWL隨寄隨出口，海運、空運皆直達也可追蹤，不會經其他國家轉運，遺失機會減到最低；海運約8～12週，空運則約6～10天。

如果想從英國買香水空運寄回台灣，他們還有推出香水空運團，可以一次幫你解決煩人的寄送和關稅問題。另外在SNOWL海運寄送的每箱貨物，提供免費的遺失理賠保險£30，加£5，還可增加到理賠£200。

snowlpost.blogspot.com

照片提供／SNOWL Post

遺失物品

遺失護照

Step 1 報案
立刻向警察機關報案，並索取報案證明書(Police Report)。報案證明書的內容必須要有：報案編號、地點資料、遺失者姓名，並註明遺失了護照、英國簽證。

Step 2 準備文件
補辦護照所需的文件有：2吋證件照2張、護照申請書。

Step 3 補辦護照
持報案證明書正本，至我國駐英國台北代表處，或是我國駐愛丁堡辦事處，補發護照或入境證明書。

Step 4 保存報案證明書
妥善保存報案證明書正本，以便申請補發英國簽證，或是離境時的證照備查手續。

信用卡掛失這裡辦
出國前，請先向各發卡銀行詢問海外掛失電話或全球救援電話，並記在他處，然後與重要文件分開擺放，以免全都遺失。

在英國掛失信用卡打這裡
- Mastercard：0800-96-4767
- Visa Card：0800-89-1725
- 美國運通卡American Express：0800-917-8047
- 大來卡Diners Club：0345-862-2935

遺失信用卡

Step 1 辦理掛失
立刻打電話至發卡銀行的24小時服務中心，辦理掛失止付手續。

Step 2 辦理補發
若需立刻補發新卡，則必須問清楚補發所需時間和手續，並告知對方你在英國的地址。

遺失行李

請拿著行李條，到最後一段航行所屬的航空公司櫃檯索取受理編號。因行李延誤而需購買的民生必需品，也請保留好收據，以利之後申請賠償。

補辦護照這裡辦

我國駐英台北代表處
Taipei Representative Office in the UK
- www.roc-taiwan.org/uk
- 50 Grosvenor Gardens, London SW1W OEB, England, United Kingdom (靠近Victoria火車站)
- consular.gbr@mofa.gov.tw
- 020-7881-2650

我國駐愛丁堡辦事處
Taipei Representative Office in the U.K., Edinburgh Office
- www.roc-taiwan.org/ukedi
- 1 Melville Street, Edinburgh EH3 7PE, Scotland, United Kingdom
- 013-1220-6886、013-1220-6890
- 緊急連絡電話：07900-990-385

被偷、被搶

英國的治安大致來說不算太差，但仍建議天黑後，不要在治安不佳的區域走動。不過，英國偷竊事件很常見，尤其是在人潮擁擠的觀光景點、餐廳內。小自行動電話、照相機，大至背包、手提袋，都可能是歹徒覬覦的對象。因此，不管任何時候，都不要讓自己的東西離開視線範圍，哪怕只是放在離你腳邊20公分的地方或是椅背，都可能被順手牽羊了還不自覺。

手機防搶SOP

觀光客常需要邊看手機、找地圖或查東西，這些動作容易成為竊賊的最佳獵物。建議如果要打電話的話，最好使用耳麥，手機放口袋裡可以降低風險；要查資料也不要邊走路邊滑手機，進入到商店裡或室內會比較安全。另外在手機殼繫上手機背帶，綁在背包或是掛脖子上也不失為好方法。如果真的不幸被搶了，該怎麼辦？以下SOP教你怎麼做。

緊急電話這裡查

- 警察局、消防局、救護車：999
- 警察局(非生命危險情況)：101
- 全歐洲通用緊急救助電話：112
- 我國駐英國台北代表處急難救助行動電話：07768-938-765
- 我國駐愛丁堡辦事處急難救助行動電話：07900-990-385
- 為加強提供國人旅外急難救助服務，外交部設置了「旅外國人急難救助全球免付費專線」，在英國可直撥：00-800-0885-0885

Step 1 立刻Call電信公司

暫停電信服務，以免歹徒使用你的手機撥打電話或進行線上交易。在通知電信公司的時候，記得向他們索取你手機的識別碼(Identification number，IMEI)。

Step 2 向當地警局報案

以倫敦為例，可以打101報案，或是線上報案。警方會要求你提供手機的識別碼。記下你報案的案件編號，向保險公司索賠時，需要告知這個編號。

基本上手機被搶找回機率相當低，建議行前買旅行不便險，可以獲得理賠、降低損失。手機也一定要設密碼鎖，才可以確保歹徒不會第一時間撥打電話或進行線上交易。

▲倫敦線上報案

▲手機在街上拿出來專注查東西很容易被搶走

▲盡量避免在馬路旁用手機

生病、受傷、找廁所

預買海外醫療險

使用免簽之遊客、訪客，若於停留英國期間使用國家健保(National Health Service, NHS)一般醫療服務，須在一般醫療費用之外加收50%。英國現行健保制度暫仍提供非歐盟國家訪客免費急診醫療服務，如轉入一般病房後須自費負擔一般醫療服務。

旅遊醫療險雖非免簽入境英國之必要條件，但倘未購買該項保險而需英國醫療服務，將須支付高額醫療費用，建議大家出國前，保險起見，先購買有包含海外緊急醫療、住院手術醫療及國際急難救助服務等項目之旅行平安保險，並記下海外急難救助電話，以備不時之需。到醫院就醫時，記得保存醫療診斷證明書、收費明細、收據之正本，以便向保險公司與健保單位申請醫療費用核退。

到藥妝店買藥

英國陰冷天氣多變，溫差又大很容易感冒。很多人在出國前會自備成藥，如果覺得台灣的感冒藥在英國沒什麼效果，可以到藥妝店Boots、Superdrug、Lloyds Pharmacy 或是各大超商買到成藥。

也可以找藥店的藥劑師(Pharmacist)諮詢，說明你的症狀，他們會為你選擇正確的藥品。但病情太嚴重的話，還是要去看醫生比較妥當。

生病了去哪裡看診

英國醫療系統與台灣不同，在英國生病並不是直接前往診所看醫生即可。在英國需要選定診所註冊，各式症狀的第一線醫師稱為GP(General Practitioner)，如果有進一步需求，則是通過GP再轉診到大醫院或專科檢查、治療。這種社區診所也可能會接受讓訪客做臨時註冊。

對遊客來說更方便的是前往附近的免預約門診(Walk-in Centre)，無需預約或註冊，但有可能會等候1～2小時。如有醫療上的疑慮，可以打NHS的24小時連絡專線「111」醫療諮詢。緊急狀況打「999」叫救護車，或直接前往醫院急診A&E(Emergency & Accident)。遊客在英國診所或醫院看診，是否需要付費由診所(醫院)決定。如需自費，請將收據正本保管妥當，

內急找廁所

在英國，除了大型百貨公司、購物中心之外，各大免門票入場的博物館和美術館，也都是免費上廁所的好地方，明亮又乾淨。若是臨時內急，也可以就近到Pub借廁所。

另外，各大火車站也有廁所，如果是由國鐵局直營的火車站，廁所也是免費的。觀光區一般也會有公廁，不過是收費的，約£20～50不等。

機場篇

常見單字

Arrival(s)　入境
Departure(s)　出境
Transfer　轉機
Boarding Pass　登機證
Immigration　移民關
Customs　海關申報台
Luggage / Baggage　行李
Departure Lounge　候機室
Nothing to Declare　不需報關
Goods to Declare　報關物品
Departure to　前往……
Departure Time　起飛時間
Delayed　延誤
Boarding　登機
Lift　電梯
Currency Exchange　貨幣兌換處
Left Baggage　行李置物櫃
Check-in　登機手續辦理
Passport Control　護照檢查處
Baggage Reclaim　行李領取處
Car Rental　租車
Taxis　計程車
Car Park　停車場
Underground　地鐵
Lost Property　失物招領

應用對話

Where are you from?　你從哪裡來？
From Taiwan.　我從台灣來的。

What are you doing in London／the UK?
來倫敦／英國做什麼？
For traveling./For visiting friends./For business purpose.　來觀光／來拜訪朋友／來做生意。

How long are you staying for?　你打算待多久？
A week./Ten Days./Around one month.
一個禮拜／10天／一個月左右。

Where will you stay?　這段時間你住哪裡？
XX Hotel.　XX飯店。(或是直接給住宿點的地址)

Do you have a invitation letter? 您有邀請函嗎？
Yes, here you are.　有的，在這裡。(出示邀請函)

Pardon? ／ Sorry, can you repeat it?
不好意思，你可以再說一次嗎？

Where is the tourist information center?
旅客資訊中心在哪裡？

Where is the bus／coach station?
請問公車站、長途巴士站在哪裡？

When can I receive my tax refund?
我要多久才可以收到退的稅？

I can't find my luggage!　我找不到我的行李！

I want to have one single／return ticket to XX?
我想買一張到XX的單程／來回票。

I would like to refund the tax.　我想要退稅。

I would like to get my refund tax to my credit card.　我想把稅退到信用卡裡。

Is this the end of the queue?
請問這是隊伍的最尾端嗎？

Where can I exchange my money?
請問可以去哪換錢？

What is the exchange rate?
請問匯率是多少？

I would like some small change.
我想要換有零錢跟小鈔。

Exchange 5,000NTD into pounds, please.
請幫我把5,000台幣換成英鎊。

指指點點應用英語

住宿篇

應用對話

我可以借用一下廁所嗎？
Can I use your toilet? / Where is the bathroom, please? / Where is lady's bathroom?

你好，我是Linda。我已事先訂了今晚的房間。我現在可以辦理入住手續嗎？
Hi there, this is Linda. I have booked / reserved the room for tonight. May I check-in now?

請問今天晚上有空房嗎？
Do you have any room available for tonight?

房租是多少？需要先付訂金嗎？
How much does it cost for one night? Do I need to pay for the deposit first?

有比較大的房間嗎？有任何更便宜的房間嗎？
Do you have a larger room? Any cheaper room? Thank you!

如果可以，我想要一張面海的大床雙人房，謝謝。
I would prefer a double-bed room facing the seaside, if possible. Cheers.

請問幾點可以用早餐？我想用傳統英式早餐，謝謝。
What time for the breakfast? I would like to have a traditional English breakfast, please.

我可以把車停哪？你們有停車位嗎？
Where can I park the car? / Do you have any parking space available?

請問該幾點退房？
What time do we have to check-out?

你們提供當地的城堡／花園觀光嗎？
Do you provide any local tour to the castle / garden?

暖氣／廁所壞掉了。我可以換個房間嗎？
The heating system / toilet is out of order. Can I change to another room?

不好意思可以幫我開一下房間門嗎？我把鑰匙忘在房間內了，謝謝。
Sorry, could you open the door for me as I left the key in the room. Thank you!!

可以幫我叫輛計程車嗎？我要去機場。
Could you call for a taxi, please? I'd like to go to the airport.

我可以從房間內撥打國際電話嗎？
Can I make an international phone call from the room?

我可以從旅館／房間內上網嗎？
Do you have internet access service in the hotel / room?

撥打國際電話的費率每分鐘多少錢？
How much do you charge for international phone call per minute?

我可以用Visa卡／美國運通信用卡／旅行支票付款嗎？
Do you accept Visa／American Express card／traveller's check?

請問離這裡最近的提款機在哪？
Where is the nearest cash machine / ATM?

我可以在房間裡加床嗎？
Can I have an extra bed in the room, please?

可以借放行李嗎？
Could you keep my luggage?

請問可以叫客房服務嗎？
Could I get a room service?

交通篇

常見單字

Diesel	柴油	Unleaded	無鉛汽油
Leaded	含鉛汽油	Charging Station	電車充電站

應用對話

哪裡有加油站？
Where is the petrol station?

沒汽油了。
I've run out of petrol.

11月12～15日間有任何車子可供出租嗎？
Is there any car available from 12th Nov to 15th Nov?

我想租一部自排／手排車。
I would like to have an automatic / a manual car, please.

基本保險保障多少損害賠償呢？
How much would the basic insurance cover for damage?

我想買額外的保險，因為我想要有更多保障。
I would like to have the extra insurance for more security.

租這部車有任何里程限制嗎？
Do you have any mile limit for this car rental?

還車的時候，我需要把油加滿嗎？
Do I have to fill the petrol to full tank when returning?

我可以在不同的分公司還車嗎？
Is it possible to return the car to your other branch?

還車時，若已經過了你們的營業時間，我可以直接把車停在你們公司的停車場嗎？
Can I just drop the car if it is out of your business time?

請給我1張到新堡的票，謝謝。
May I have a single ticket to Newcastle, please?

請給我2張到普利茅斯的來回票。
Can I have two return tickets to Plymouth?

我剛剛買的票可以退嗎？
May I refund the ticket I just bought?

到曼徹斯特的第一班火車／巴士幾點發車？
When is the first train / bus to Manchester?

前往牛津的火車要在哪個月台搭？
Which platform is for the train to Oxford?

這個位子有人坐嗎？／我可以坐在這裡嗎？
Is the seat taken? / May I sit here?

這班車是開往劍橋嗎？
Is this train going to Cambridge?

請問這班火車的終點站是哪裡？請問這班火車／巴士開往哪裡？
What destination does this train go to, please? Where is this train / bus heading to?

我要去格拉斯哥機場，請問要在哪裡搭車？
Do you know where to catch the train to Glasgow airport?

25路的公車站牌在哪裡？
Where is the bus stop for Bus 25?

天啊！我坐過頭了，我現在得下車了！
Oh god, I missed the station. I would have to get off!

指指點點應用英語

倫敦交通篇

常見單字

Bus Stop　公車站
Tube／Underground　地鐵
Part Closure　部分區段停駛
Tour Bus、Sightseeing Bus　觀光巴士
Exit　出口
Entrance　入口
Lift　電梯
Ticket　票券
Single Ticket　單程票
Return Ticket　來回票
One Day Travelcard　一日周遊券
Timetable　時刻表
Train Station　火車站
Platform　月台
Coach Station　客運站
Gate　乘車門
First Class　頭等艙
Second Class　二等艙
Sleeper　臥舖
Window Seat　靠窗座位
Aisle Seat　走道座位
Airline Seat　不附大桌子的座位
Front　順向
Backward　背向
Reserve、Reservation　訂位
Arrival　抵達
Departure　出發
Direct Service　直達
Transfer　轉車
Lost And Found　失物招領處

應用對話

Mind the Gap！請小心月台間隙！
Would you please tell me when it arrives Horrad's?
到哈洛百貨公司的時候可以叫我一下嗎？
Where is the nearest station?
請問最近的車站在那裡？

飲食篇

常見單字

Roast　燒烤
Grill　煎烤
Fry　油炸
Vegetable　蔬菜
Spring Onion　蔥
Cucumber　黃瓜
Mushroom　蘑菇
Spinach　菠菜
Broccoli　花椰菜
Onion　洋蔥
Sea Food　海鮮
Salmon　鮭魚
Haddock　北海鱈魚
Cod　鱈魚
Kipper　燻鮭魚
Plaice　比目魚
Mussel　淡菜
Crab　螃蟹

Oyster　牡蠣
Lobster　龍蝦
Squid　烏賊
Beef　牛肉
Pork　豬肉
Chicken　雞肉
Mince　絞肉
Ribs　肋排
Breast　雞胸肉
Roast Beef　烤牛肉
Haggis　蘇格蘭羊雜
Skimmed Milk　脫脂牛奶
Whole Milk　全脂牛奶
Ginger　薑
Vinegar　醋
Ketchup　番茄醬
Soy Sauce　醬油
Olive Oil　橄欖油

應用對話

你可以推薦我本地的義大利餐廳嗎？
Could you recommend any local Italian restaurants?
我們有兩位要用餐。
May I have a table for two?
請給我菜單。
Can I have the menu, please?
我不知道該怎麼點餐，你可以推薦我幾道菜嗎？
I have no idea what to order.
What do you recommend?
能否另外給我兩個盤子？
Can I have two extra plates, please?
我想要喝點飲料。
I would like to have some drinks, please.
我想和那個人點一樣的菜。
May I order the same dish as what that person has?
我點的菜還沒來。
The dish I have ordered has not come / served yet.
我沒點這個。
Sorry, but I didn't order this.

可以幫我把剩下的菜打包嗎？
Can I have the rest of the food taken away, please?

請結帳。
Can we have the bill, please?

我和我朋友各付各的／一起付。
Can we pay separately / pay together?

我可以再看一下菜單嗎？
Can I have a look at the menu again, please?

這一項的價錢是多少？金額不太對。
How much for this dish? Well, it seems the price is wrong.

通訊應變篇

常見單字

流鼻涕
Runny Nose

打噴嚏
Sneeze

鼻塞
Blocked Nose

喉嚨痛
Sore Throat

頭痛
Headache

疲憊
Tiredness

肌肉痠痛
Muscle Pain

發燒
Fever

乾咳
Dry Cough

濕咳
Chesty Cough

喉嚨癢咳
Tickly Cough

頭暈
Dizzy

嗜睡
Drowsy

噁心
Nausea

胃痛
Stomachache

腹瀉
Diarrhea

應用對話

緊急！
It's an emergency!

叫警察！
Call the police!

走開！
Go away!

叫醫生／救護車。
Call a doctor! / Call an ambulance!

我的皮包／背包／護照／信用卡掉了。
I lost my wallet / pack / passport / credit card.

我要報案，掛失信用卡。
I would like to report the loss of my credit card.

請給我報案證明。
Please give me the reference number.

我想寄明信片，請問您知道離這裡最近的郵局、郵筒在哪裡嗎？
I need to mail this postcard. Do you know where the nearest post office / mailbox is?

請給我兩張普通快速郵件郵票。
Two First Class Stamps, please.

我想寄空運／國際快捷包裹。
I would like to send this parcel by airmail / international express.

救命小紙條

你可將下表影印，以英文填寫，並妥善保管隨身攜帶

個人緊急聯絡卡
Personal Emergency Contact Information

姓名Name：

國籍：Nationality

出生年分(西元)Year of Birth：

性別Gender：

血型Blood Type：

護照號碼Passport No：

台灣地址Home Add：(英文地址，填寫退稅單時需要)

緊急聯絡人Emergency Contact (1)：

聯絡電話Tel：

緊急聯絡人Emergency Contact (2)：

聯絡電話Tel：

信用卡號碼：

海外掛失電話：

信用卡號碼：

海外掛失電話：

旅行支票號碼：

海外掛失電話：

航空公司國內聯絡電話：

海外聯絡電話：

投宿旅館Hotel (1)：

旅館電話Tel：

投宿旅館Hotel (2)：

旅館電話Tel：

其他備註：

英國旅遊緊急聯絡電話一覽表

警察局、消防局、救護車 **999**
全歐洲通用緊急救助電話 **112**

駐英國台北代表處
☎ 020-7881-2650／行動電話：07768-938-765

駐愛丁堡辦事處
☎ 013-1220-6886／行動電話：07900-990-385

旅外國人急難救助全球免付費專線電話
00-800-0885-0885